实体店就该这么做

潘俊贤 著

立信会计出版社

图书在版编目（CIP）数据

实体店就该这么做/潘俊贤著. -- 上海：立信会计出版社, 2019.6

ISBN 978-7-5429-6118-1

Ⅰ.①实… Ⅱ.①潘… Ⅲ.①商店—商业经营 Ⅳ.①F717

中国版本图书馆CIP数据核字（2019）第058856号

策划编辑　蔡伟莉
责任编辑　秦思慧
封面设计　久品轩

实体店就该这么做

出版发行	立信会计出版社
地　　址	上海市中山西路2230号　　邮政编码　200235
电　　话	（021）64411389　　传　　真　（021）64411325
网　　址	www.lixinaph.com　　电子邮箱　lxaph@sh163.net
网上书店	www.shlx.net　　电　　话　（021）64411071
经　　销	各地新华书店
印　　刷	固安县保利达印务有限公司
开　　本	720毫米×1000毫米　　1/16
印　　张	15　　插　　页　1
字　　数	182千字
版　　次	2019年6月第1版
印　　次	2019年6月第1次
书　　号	ISBN 978-7-5429-6118-1/F
定　　价	39.80元

如有印订差错，请与本社联系调换

序　言
Preface

这是一个最好的时代，也是一个最坏的时代，更是一个无时无刻不在更新迭代的时代。30年前是开店最好的时代，15年前是开网店最好的时代，淘宝、天猫等几乎垄断了线下实体店的交易，各地频现大规模的关店潮。

而今，风水轮流转，新零售、新实体正在开启全新的市场格局，越来越多的新型实体店正在逆袭电商。

令实体商业从业者欣喜的是，实体店崛起的号角自2017年就已经吹响，众多品牌店、体验店、小众店、个性店已从店铺形象、消费群体、服务模式、消费体验等切入点成功转型，引爆了各自所在的小品类市场。

造成这种转变的原动力，客观原因在于消费者消费观念的改变。人们看到，随着社会的进步，时代的变迁，今天的消费者更重视心灵的充实，金钱观念日渐淡化，愿意接受超前消费，乐于接受新奇消费体验的洗礼，他们更适应新的消费模式，更注重消费体验。

未来，消费者的消费行为已不再单单是购买产品，而是在购买一种生活方式，实体店更多的是要带给消费者"心理+物质"上的双重体验，而这种"视觉感受+心理刺激"是电商所无法给予的，这恰恰就是实体店的核心优势所在。

《论真理》里中有一句名言："人是万物的尺度，人存在时万物存在，人不存在时万物不存在。"

未来，实体店的唯一标准就是消费者，即"人"，一切都因讨好"人"而存在，所以必须要体现出对人的尊重与关注。商业的本质正在从"买卖关系"过渡到"服务关系"，这是一个非常让人惊喜的变化，预示着实体店的复苏。

当然，这种复苏绝不是所有实体店的复苏，而是有所准备的商家的复苏，是那些能够在产品、服务同质化时代，率先打造出爆品、爆店的商家的复苏，这才是新型实体店崛起的内因。

因为，所有成功的爆品、爆店，都有一个共性——决策者都能很清楚地描述他们的消费者，能够读懂他们的消费需求，并提供无与伦比的产品、服务和消费体验。

归根结底，实体店屹立不倒的本质在于修炼内功，在于研究消费者需求，在于打造爆品，用爆品思维武装自己，提供更好的消费体验，更好地满足消费者需求，将店铺打造为爆款网红店铺，形成差异化竞争优势。

未来实体商业，因小而美。小的是细分，美的是体验。

在红海市场时代，大的细分领域竞争者早已众多，厮杀惨烈难有太大作为。新时期的商业机会存在于各种细分领域的小品类市场，如何引爆细品类市场、精耕小众领域、做小品类市场的王者？如何转型并引爆小而美的实体店？是本书要探讨的话题。

为了让读者更好地理解新型实体店的运营，本书还对盒马鲜生、小米之家、胖东来、阿尔迪、孩子王、7-EVLEn、Costco等众多零售新物种及爆店进行了拆解，为实体商业发展过程中推进爆品战略提供解决思路。

目录
Contents

第一章 定位：放大实体店优势，进行差异化竞争

一、关店潮已过，线上线下洗牌已结束 / 003

二、逆袭电商：实体店的竞争优势 / 006

三、精准定位：让产品更契合消费者需求 / 010

四、用品牌实现竞争差异化 / 011

五、实体店崛起之模式进化：020 / 015

第二章 实体店爆品思维：思维模式的改变

一、爆品思维和爆品解决方案 / 021

二、打造爆品即提供解决方案 / 025

三、物超所值才能引爆市场 / 029

四、高质高价也能出爆品 / 031

五、单品爆破理论 / 034

第三章 痛点思维：找出行业痛点，予以改善

一、读懂顾客心理，研究顾客需求 / 041

二、找到消费者痛点 / 045

三、基于消费者痛点优化产品和服务 / 049

四、痛苦的生意比快乐的生意更好做 / 051

五、研究顾客购买动机 / 053

六、痛点成交法 / 057

七、找痛点，不要自以为是 / 060

第四章 减法经营：打造小而美的实体店

一、引爆小品类市场，引领细分领域 / 067

二、小而美：更少、更准、更好 / 070

三、做专：越简单，越极致 / 073

四、去标准化，满足个性化需求 / 076

五、精简服务：服务的唯一尺度是让顾客舒服 / 078

第五章 温情服务：营造有温度的实体店

一、消费主权时代，决定消费者去留的是什么 / 085

二、实体店如何面对愈发挑剔的消费者 / 088

三、学习日本超人性化的服务细节 / 091

四、关注"顾客表情指数" / 094

五、读懂顾客等待心理学 / 097

六、服务的最高境界：为顾客着想 / 101

七、实体店的情怀牌 / 104

第六章 优化用户体验：提供尖叫与快感

一、实体店不可替代的"争鲜"性 / 111

二、构建完美消费场景，点燃体验爆点 / 114

三、满足顾客不断变化的新需求 / 116

四、体验营销的最高境界是传递情感 / 119

五、感性的故事诱惑，比理性的说服更有效 / 122

六、打造让顾客流连忘返的"诱因" / 126

七、实体店顾客体验管理 / 129

第七章 产品为王：重新定义产品品质

一、爆破的本质是产品主义 / 135

二、精进产品、提升服务 / 138

三、打造爆品需要工匠精神 / 142

四、百年泡菜店老板，为何拒绝让顾客买去送人 / 146

五、打磨产品、服务，打磨自己的心和生命 / 148

六、过硬的产品、服务，不可能被颠覆 / 152

第八章 利用互联网营销手段，包围消费者

一、跨界营销，全方位包围消费者 / 157

二、找准移动营销工具 / 160

三、抛弃入口思维，创新和顾客的接触方式 / 165

四、O2O 的流量共享模式 / 168

五、零售的"交易时代"与"关系时代" / 171

六、做好自媒体内容营销 / 173

七、经营顾客关系，做好关系营销 / 176

第九章　引爆客流：店铺活动就是将营销的水烧到沸点

一、跨界客流：你不跨界，必遭打劫 / 183

二、通过增值服务为消费者创造更多价值 / 185

三、流量创新，社交互动 / 187

四、异业联盟，共享客流 / 191

五、依靠粉丝来引流 / 194

六、实体店引爆客流的杀手锏——会员制 / 196

第十章　死磕运营：不断优化你的体系

一、搭建体系：实体店的前台系统与后台系统 / 203

二、制度化管理：没有规矩，不成方圆 / 205

三、实施精细化管理 / 209

四、走精益化零售之路 / 211

五、用互联网思维改造实体店 / 214

六、智能改造：将实体店改造成"数字店铺" / 218

七、欲善待消费者，必先善待员工 / 220

八、维护好店铺租赁关系 / 224

第一章
定位：放大实体店优势，进行差异化竞争

当今世界正在惩罚不改变的人，太多实体店还在"电商冲击"下徘徊、迷茫，还在拼价格、拼渠道，而在新零售大趋势的影响下，这些"伎俩"将不再奏效。

未来，那些同质化的产品和服务将越来越没有竞争力，最终只能出局，唯有那些能为用户提供独特体验的实体店，才能独居差异化竞争优势，脱颖而出，成为这轮实体店变革的最大受益者。

一、关店潮已过,线上线下洗牌已结束

"关店潮大揭底,卖场百货一片惨烈";

"生意难做,线下实体再现关店潮";

"2017年集体关店潮,实体店阵亡名单如下";

"关店潮仍在延续,实体店在中国还有多少机会";

"2018年零售业关店潮依然凶猛";

"实体关店潮继续,门店短命活不过五岁";

"实体店生意冷淡现关店潮,都是马云害的";

……

自2015年起,关店潮开始席卷国内线下实体商业,各类危言耸听的关店言论充斥于各大媒体的报道之中。

近年来,关店潮这个字眼正深深地刺痛着传统实体商业从业者,不可否认,上述报道尽管有添油加醋的成分存在,但并不完全是捕风捉影,传统实体零售业确实在经历关店的阵痛。

人们看到,在实体商业的关店名单中,不仅有各类街边草根实体店,而且有各类知名连锁品牌,如麦当劳、金汉斯的餐饮连锁门店,也有沃尔玛、乐购等国际零售巨头的超市门店,还包括佐丹奴、百丽等国内知名服装鞋履品牌的线下门店,更不乏百盛、华堂等知名大型百货商场。

在消费升级大势之下，行业洗牌之际，导致实体店关店潮的因素固然包括电商的冲击因素，但如果深入探究的话，人们会发现那些停止营业的实体店多是源于内因，企业、商家或转型不及时，或经营不善所导致，甚至有些企业的大规模关闭店铺，本身就是企业的一种策略性调整，乃至于转型升级的需要。从本质上看，"关店潮"淘汰的是落后的产能，关闭的基本上是经营不善、同质化严重的商家。

笔者比较赞同名创优品创始人叶国富的这番言论，"近五年来中国实体零售很难做，所有人都在骂马云、骂阿里，都说被电商害的。实际上实体零售好不好，跟马云一点关系都没有，只能怪我们自己。很多人讲互联网跟零售的关系，我认为没有关系，做好零售，做好产品就可以了，互联网是互联网，电商是电商，如果今天我们都老老实实回归，把产品做好、在零售上发力，肯定没问题。"

实体经济显然不是被电商打败的，而是败给了自己。关店的店主也不能归罪于马云，而是"内伤"所致，国内实体商业经过30年的发展，同质化越来越严重，商家创新能力不足，缺乏差异化竞争优势，这种实体商业已经到了穷途末路，即使没有电商的围追堵截也很难存活，是行业优胜劣汰过程中的淘汰对象。

全面观察可以发现，即使在传统实体店关店潮最严重的2015年，线下实体商业也在暗暗绽放着生机——有更多新兴势力在崛起，这些商家上演的却是一股"开店潮"。

当线下实体举步维艰之际，一家名为"名创优品"的实体店品牌却在逆势发展，销售商品以10元、20元的精品为主，祭出"优质低价"的杀手锏，3年间开店高达2 000家。同门可罗雀的传统卖场相比，"名创优品"店内总是人潮涌动，100平方米的门店月流水可达100多万元，年总营业额已接近

100亿元，在零售业的寒冬料峭中独树一帜。

良品铺子，一家专注做零食零售的传统企业，在实体经济陷入寒冬之际，竟异军突起，另辟蹊径，每年新开线下门店数百家，总门店已超过2 000家，实现销售收入60亿元。企业花重金请明星做代言，将广告做到了美国时代广场，老板更放言要将门店开向全世界。

海澜之家，一家专门做男装的服装品牌，成立于2002年。如果说零售业是受互联网冲击最严重的行业，那么服装店就是零售业中被电商冲击最为严重的细分产业，但就是在这样一个从业者哀鸿遍野的领域内，海澜之家也实现了逆势发展——门店数量一直在高速增长，其中2017年，海澜之家净增门店549家，营业收入达182亿元。

实体书店，是受互联网和电子阅读影响较大的细分领域。在该领域，一些创新型的实体书店却逆流而上，在成都，西西弗、今日阅读、轩客会·格调等创新融合品牌书店，开遍各大商场、综合体和社区。截至2017年10月，西西弗已经在全国开出了100家小而美的书店。

……

此外，在服装领域，以优衣库、ZARA等为代表的创新型生活方式集合店，也都在逆势加速扩张，成为各大商场的主力店；在餐饮领域，本土快时尚餐厅也在迅速崛起：外婆家、小南国、苏浙汇、盘古餐饮、57度湘、海底捞等潜力企业甚至有望成长为全球性的餐饮集团。

通过以上事实，笔者得出几个结论：

第一，实体店的主体地位难以动摇。

我国电商发展已经到了相对成熟的阶段，增速递减，可以预见的是，在未来一个相当长的时期内，电商都难以撼动线下实体商业的主体地位。

第二，线上与线下界限越来越模糊。

移动互联网时代，电商在布局线下，传统电商也在进军线上，线上与线下已经实现高度融合。O2O全渠道将是零售的未来，这已成为行业共识，实体零售商也都在投资打造线上线下融合的多渠道以及数据设施，甚至呈现后来者居上的态势。

第三，线上线下将共生共存，优势互补。

实体零售的高度真实性、重体验性，是电商所不具备的，也是其无法替代的。未来的电商与店商将共生共存，正如王健林所言："我觉得不是胜负，我觉得双方（电商和店商）都能活。"

这个世界无时无刻不在更新迭代：20年前是开店的最好时代，10年前开始是开网店的最好时代，淘宝、天猫、京东强势崛起。

而现在又不一样了，新零售正在启动市场的新格局，新兴实体店逆袭的案例越来越多。经过数年间的线上线下竞合，纵观当今市场，关店的高潮已过，线上线下洗牌已经初步告一段落。

未来那些同质化、经营不善的实体店将越来越没有竞争力，唯有那些能为用户提供独特体验、拥有独特经营模式的实体店才能脱颖而出。

二、逆袭电商：实体店的竞争优势

日本也曾有过实体经济衰退时期，但经过多年调整之后，线下实体商业开始强调人性化服务，专注于服务品质的提升，实施聚焦商品卖点等优化措施，目前已经成功崛起。

2019年将是国内实体店的崛起之年，众多品牌店已从店铺形象、消费群体、服务模式、消费体验等方面成功转型。

如今的电商与实体店的竞争已经此消彼长，到了一个新的临界点，而实体商业更有诸多电商所无法替代的优势。

1.社交优势

什么是社交？人们必须要透过某种方式和工具，来传递思想、交流信息和意识。当今网络时代，经济和社会环境的变化使得人与人之间的交往显得更加重要。因为人们只有不断地与各类型的人进行交往和信息沟通，才能不断地丰富自己、发展自己、扩充自己的知识库，这是虚拟世界无法提供给人们的。

而线下实体商业就是一种典型的社交经济，它有线上电商所不具备的特点。线下实体不仅能够满足消费者的社交需求，还有助于经济的循环再生，举例来讲，顾客A上午去理发店理发，中午理发店的理发师去旁边的快餐店用餐，快餐店老板吃完饭后去逛超市购物……线下经济就是这样循环消费再生的。

2.体验优势

实体店的体验功能是电商无法替代的，未来，商业争夺的是80后90后等年轻消费群体，这群人出生在一个美好的时代，他们不缺物质、不缺产品，需要的是一种"体验"与"关怀"，这种关怀更需要面对面的交流与触觉才能体现。

美国经济学家约瑟夫·派恩和詹姆斯·吉尔摩在1999年出版了《体验经济》一书，提出人们正迈向体验经济时代，体验经济将取代服务经济。作者认为：

企业以服务为舞台，以商品为道具，以消费者为中心，创造能够使消费者参与、值得消费者回忆的活动。在消费者参与的过程中，记忆长久地留住了对过程的体验。如果体验美好、非我莫属、不可复制、不可转让，消费者就愿意为体验付费。

同一种商品，在农业经济中只值5元，在工业经济时值10元，在服务经济中值20元，在体验经济中就可以值30元。这是因为在体验经济中，消费者对体验享受的评价最高，也愿意付出更高的价格。

体验经济，是基于现实生活与场景，为顾客塑造感官体验及思维认同，吸引顾客注意力，引导并改变消费行为，为商品、服务找到新的生存价值与空间。

体验经济是一种场景经济，它的最佳载体就是各类实体店。

消费者的真实感觉和感受，是电商无法做到的，无论虚拟现实技术如何发展，虚拟终归是虚拟，永远替代不了现实。这也正是为什么电商将自己的网页设计得再人性化、买家秀做得再漂亮，也不及实体店对商品的实际展示，因为线下这种零距离的触感是真实的、可见的、可信的，被低价冲昏头脑的消费者们冷静下来后，会做出理智的选择。

在星巴克的各个门店，几乎任何时候都有顾客，高峰期甚至找座位都很难；还有瑞典家具品牌宜家，无论什么时候去，宜家线下商场的人都很多。

星巴克实际上卖的并不是咖啡，而是一种氛围，一种环境，一种体验，当人们在意的是消费氛围的时候，咖啡本身就已经不重要了，重要的是体验，顾客愿意为之支付高价。

3.价格优势

早期的互联网电商有"三个零"的说法：零成本、零时间、零空间。

电商初期的低成本，主要得益于电商平台的免费流量引导。比如，淘宝网早期就通过免费流量支持，捧红了一大批淘品牌。如今，这些淘品牌失去免费流量支持后，普遍进入发展"瓶颈"期，只得花钱买流量。

通常，电商因其没有店面、没有过多的中间环节，而享有得天独厚的成本优势。

但如今，这种优势已不再。现在的电商成本之高已不低于实体店，通常，电商的成本构成为：人工11%、天猫扣点5.5%、推广成本15%、快递12%、售后2%、财务成本2%、水电房租2%，再加上税务，如果没有50%以上的毛利率，电商根本没有办法实现盈利和持续经营。

大家普遍认为的电商成本低，如今已是一个伪命题。对此，苏宁集团孙为民就这样表示："比如大家普遍说网购便宜，为什么？因为效率高。但其实这个是伪命题，是经不起推敲的。（电商）成本并不低。尤其是做小件商品或者单价在一定范围内的商品，可以说线上没有优势可言。以图书为例，一本30元的书，打七折销售之后是21元，以做得最好的同城物流来算，一本书运费大概3元，那么还剩18元。然而这是以最低物流成本计算的，一般平均的物流成本是6~8元，做得不好的可能超过10元。还要扣除采购成本、网站维护费用、宣传推广费用等，所以没有什么利润空间了。做图书起家的亚马逊，后来的创新是电子出版。"

目前来看，电商业务模式确实存在高成本、低利润、亏损的缺陷。事实上，很多线下实体店成本结构比电子商务还要简单，成本还要低。

4.服务优势

服务是实体店的另一杀手锏，因为商业核心优势正在从"价格"变成"服务"，当初电商是用"价格"冲击的实体店，现在实体店需要用"服务"扳回一局。

未来，消费者已不再是购买产品，而是购买一种生活方式，实体店更多的是要带给消费者心理+物质的双重感受，而视觉感受+心理刺激都是电商所无法给予的，需要实体店的面对面服务来完成，这就是实体店的核心优势。

三、精准定位：让产品更契合消费者需求

20世纪70年代，美国营销专家艾·里斯（Al Ries）与杰克·特劳特（Jack Trout）提出了著名的定位理论，两位专家认为，定位要从一个产品（也可以是一种商品、一种服务、一个机构，甚至是一个人）开始。定位的目的是要在预期客户的头脑里给产品定位，确保产品在预期客户头脑里占据一个真正有价值的地位，以控制消费者心智，形成竞争优势。

实体店需要精准定位。所谓定位，简单来说，就是要明确三个问题：

我是什么专业的实体店？

我提供什么类型的产品（服务）？

我服务的顾客群体是哪一类人？

定位不同于广告，它不是围绕产品、服务进行的，而是围绕潜在顾客的心理进行的。定位的目的，是要让实体店和自己提供的产品、服务在潜在顾客的心理中表现得与众不同，并且自己的专业和能力可以支撑并满足潜在顾客的需求。

之所以要做定位，是因为当今国内线下实体商业，产品间同质化现象严重。客观地说，同行商家之间，无论是技术、设备、工艺、产品、服务、价

位，几乎都没有本质上的区别，营销策略跟同行相比也是大同小异。这样做的结果就是，各商家深陷竞争激烈的"红海"，一直在跟同行血拼。

如何才能摆脱"红海"，发现"蓝海"呢？这就需要进行差异化竞争。不管什么行业，要想完全比竞争对手做得好是很难的，但如果做得跟竞争对手不一样，就相对比较容易。一旦做到不一样，做出差异化，竞争优势也就出来了。

举个简单的例子，你是苹果，我是梨；你是梨，我就是香蕉，反正就是要和你不一样。不一样，就没得比较，没有比较就没有竞争。

差异定位，特色经营，形成竞争壁垒，打造核心竞争力，是所有实体店绕不过的一个发展阶段。再做那种常规的、没有任何差异性的、让顾客不痛不痒的产品和服务，很难在市场上有所作为。

四、用品牌实现竞争差异化

如何实现差异化定位呢？

笔者看到过"宝岛"电动车专卖店的一次促销：在活动现场，比大大的活动拱门更吸引眼球的，是一个长方形的水箱，里面放了一辆发动起来的电动车，水箱外面有句广告词叫"宝岛就是牛，水里也能游"，笔者观察了大概5分钟，发现有百分之七八十的过路行人，都会侧目或停留观看。

什么是差异化定位？这就是最好的案例。

电车性能都大同小异，"宝岛"的营销策划人员能捕捉到"水中游"这个差异化卖点，一下就跟竞争对手区分开了。话说回来，别的品牌可能也具备这个功能，但没能很好地展示出来，就只能被忽视了。

所谓品牌，所谓战略，就是差异化，就是与众不同。

差异化竞争（competitive differentiation）是一种战略定位，即企业设置自己的产品、服务和品牌以区别于竞争者。

在市场中，全面超越竞争对手是很难的，要做得和竞争对手不一样则相对比较容易。不一样意味着差异化，意味着竞争优势。

实体店经营要想杀出竞争惨烈的红海，发现蓝海市场，就要进行差异化定位，拒绝同质化竞争，同时了解电商优势，避免跟电商硬碰硬。

如今，线上与线下零售生态圈的同质化现象越来越严重，如何在"二维"空间竞争中掌握主动权？差异化定位、差异化发展将是实体商家未来打造竞争优势的关键所在。

实体商业，同竞争对手（包括线上和线下）之间，不是你死我活的关系，而是要取长补短、互相学习、深度融合、优势互补、共生双赢。

差异化定位的核心，在于通过提供差异化的产品和服务，为消费者提供价值。让消费者认可和买单，来为商家创造利润，创造生存空间。

差异化定位，可从这几个角度切入。

1. 经营模式差异

经营模式，即商业模式。何谓商业模式？分享一个例子：

1997年10月，硅谷最著名的风险投资顾问罗伯森·斯蒂文在同中国著名的高科技企业亚信CEO田溯宁沟通时，曾向后者发问："亚信的商业模式是什么？"

田溯宁反问罗伯森："什么是商业模式？"

罗伯森很奇怪田溯宁作为CEO竟然不知道什么是商业模式。于是他向田溯宁解释说："1元钱通过你的公司绕了一圈，变成1.1元，商业模式就是指这一角钱是在什么地方增加的。"

商业模式，是一种战略武器，运用得当，威力巨大。

提及经营模式差异化，美国的"好市多"（Costco）的经验颇值得我国借鉴。在美国，不论电商还是线下零售店，能跟"好市多"正面竞争并获得优势的寥寥无几，这要归根于"好市多"的会员制模式。

"好市多"采取的是收费式会员制，消费者成为它的会员后，能以非常低廉的价格购物，前提是要在"好市多"进行"多频次、大额度"的购物，否则，就很不划算。

在采购上，"好市多"采取集中性大量采购方式，商品种类不多，但是数量巨大，以此获取谈判优势，提高议价权。这样，虽然顾客在"好市多"没有更多选择，但实际上"好市多"已经帮助顾客找到了最合适、最便宜、使用频率最高的产品。

这种差异化经营模式定位，使得建立在会员制和独特商品目录上的"好市多"，能够有效避开线上线下的惨烈竞争以及零售业的价格战，且具有很好的品牌信赖度和品牌黏性。

2.品类差异

首先，打造同竞争对手完全相异的产品搭配。实体商家要尽量避免在3C数码产品、服装产品等电商具有明显竞争优势的领域，跟电商正面竞争，要进行差异化产品定位。

再比如，就图书零售而言，实体书店相对于网上书店，几乎没有什么优势，但是实体书店可以进行错位经营。电商经营新书，实体书店可以经营特价书、旧书、稀缺书、名人签名书等。

其次，线上线下高低搭配，价位、档次错位。譬如，可以把实体店作为高端店，经营高价正品货，高质高价；将网店作为低端店，用于处理实体店的库存及过季商品，或者用来销售"网络专供款"。这样，就能够有效避开正面竞争。

3.地段差异

通常，在城市的CBD等核心商圈，地价高，开店成本高，竞争激烈。

如何进行错位经营？可以将店铺开到二线商圈、三四线市场、农村市场、更接近终端消费者的社区。

苏果超市、五星电器近年来纷纷调整发展战略，让渠道下沉，不约而同提到了"要把门店开到'犄角旮旯'去"。就是放下架子，从大城市转战县乡级市场，比如"苏果"的有关负责人就表示："以后，大城市里基本上只开小的便利店，大的购物广场会开在小地方。"

"苏果"此举是为了避开竞争激烈，增长空间有限的核心成熟商圈，提升差异化竞争优势。

再比如，经营者在某大型社区内开一家社区便利店、杂货铺，那么就能获得最大的经营优势——离顾客最近，这一优势是任何竞争对手也无法替代的。

4.服务差异

服务本就是电商的短板，实体店商应紧紧抓住这一机会，进行服务升级，提升服务水准，靠温情的服务来打动顾客。

服务差异化策略实施到一定境界，不仅能形成对于电商的差异化优势，甚至还能将线下竞争对手远远甩在身后。

比如，以"变态服务"著称的海底捞，不仅让餐饮同行嫉妒，甚至还引来了跨行业的学习者。

五、实体店崛起之模式进化：O2O

O2O即Online To Offline，是指"线下"（Offline）的商业机会和互联网（Online）充分结合，让互联网成为线下交易的前台，线下实体店成为互联网交易的实体支撑。

O2O的概念源自美国，范围非常广泛，只要产业链中既可涉及线上又可涉及线下，就能通称为O2O。

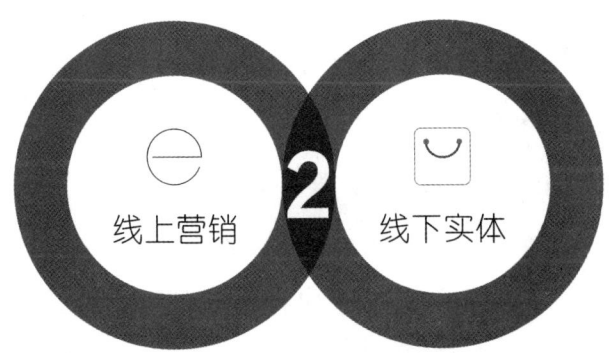

图1-1　O2O模式示意图

通俗地讲，如果一个商家，不论是电商，还是店商，只要能实现网上商城及线下实体店两者相融合，并且网上商城与线下实体店全品类价格保持一致，即可称之为O2O（见图1-1）。也有人认为，O2O是B2C（Business To Customers，即商家对消费者个人）模式的一种特殊形式。

1.O2O模式与B2C/C2C模式的区别

O2O模式与B2C/C2C模式的区别（见图1-2）表现在：

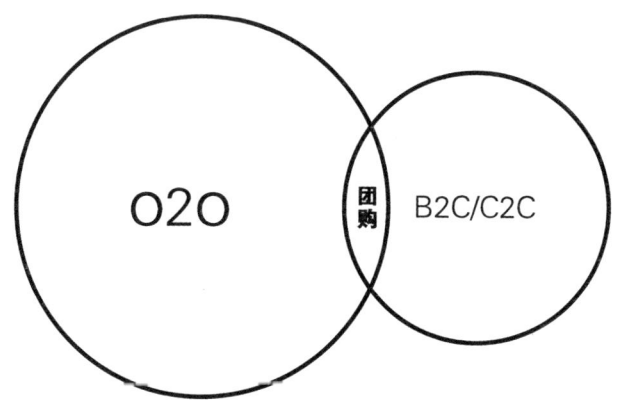

图1-2　O2O模式与B2C/C2C模式的区别

在O2O模式下,消费者在线上购买某项商品或服务,然后去线下享受服务。O2O更侧重服务性消费(包括餐饮、电影、美容、SPA、旅游、健身、租车、租房等)。

而在B2C、C2C模式下,则是消费者在线购买、在线支付或货到付款,购买的商品通过电商自建物流或第三方物流送到消费者手中,B2C、C2C更侧重实物交易(实物商品,如电器、服饰等)。

O2O模式与B2C/C2C模式的一个交叉区域是团购,它是一种特殊形式的商业交易形式,是低折扣的临时性促销。消费者通过电商平台,购买商品或服务的团购券,再持券前往实体店享受服务,比如团购的餐饮券、优惠套餐、电影票、各类景点门票等。

2.O2O模式的构成

O2O模式由线下商家、O2O平台和消费者共同构成(见图1-3)。

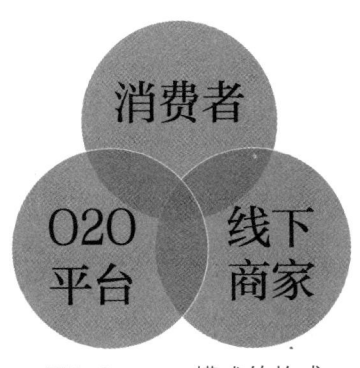

图1-3　O2O模式的构成

在这种模式下：

首先，线下商家能够降低对地理位置的依赖，减少租金支出，借助O2O平台进行精准营销和客户维护。

其次，O2O平台也能吸引大量高黏度的消费者，进而实现良性循环，争取到更多的商家入驻。

最后，消费者也能及时了解全面、丰富、及时的商家促销信息，能够快速筛选并购买适合自己的商品或服务，且价格优惠。

O2O模式能实现"线下商家——O2O平台——消费者"之间的价值传递和互惠共赢（见图1-4）。

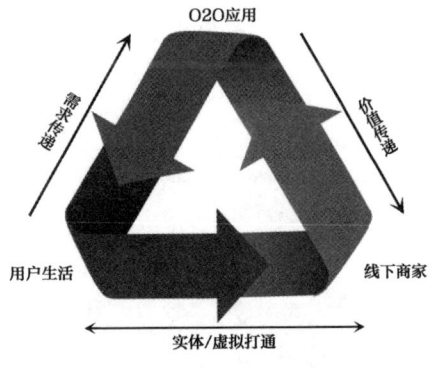

图1-4　O2O模式价值传递闭环

3.实体商业的机会

根据普华永道近期公布的一项调查显示：大多数消费者都期待能够通过线上设备选购、支付和预订商品，又能在最方便的时间和地点，于线下提取商品。这为传统实体商业的O2O转型提供了发展契机。

2013年，银泰百货开始试水O2O，在百货商店和购物中心全面铺设免费WiFi，通过大数据获取并分析顾客线上线下的消费行为（如电子小票、行走路线、停留区域等信息），以此来识别顾客的购物喜好、购物频率以及品类搭配习惯等重要信息，进而改善顾客的购物体验。

此外，银泰百货与支付宝钱包达成了战略合作，让顾客购物时通过手机支付，可有效将支付宝用户引流到线下实体店。为了方便顾客线上购买、线下体验，银泰还在旗下实体店配置了触摸屏，方便顾客进行网上订单查询、提货。

O2O被视为实体店的未来方向之一，与电商相比，店商在空间情景、人员服务、商品展示等方面优势明显，就看实体店经营者如何通过这些优势来提升顾客的购物体验，做到这一点才能将转移到线上的消费者重新拉回来。

未来实体店的定位应当是——成为消费者即兴购买商品与服务的社区服务中心和生活百货馆，即消费解决方案提供者。

第二章
实体店爆品思维：思维模式的改变

爆品思维，是一种极致的用户思维。

成功的爆品，都有一个共性——其运作者都能很清楚地跟你描述他们的消费群体，清楚地知道消费者的生活形态和生活轨迹，了解他们害怕什么和喜欢什么，知道他们什么时候使用自己的产品和服务，使用的目的，以及什么时候会分享出去。

所有成功的爆品都是建立在充分识别并满足潜在消费群体需求基础之上的。

一、爆品思维和爆品解决方案

爆品，从文字上看，由"爆"和"品"两字组成。所谓"爆"，即引爆、爆发的意思。所谓"品"，则是指产品、品牌、品质、人品，可供口口相传，形成口碑。只有好的品质才会产生好的口碑，好的口碑才会带动销售的爆发。

因此说，爆品，就是引爆市场的口碑品，甚至只是一款产品（可以是有形产品，也可以是无形服务）。实体店的爆品战略，是以用户需求为出发点，提供足够好的产品和服务，集中所有精力和资源，迅速引爆客户口碑，从而实现单点突破并赢得市场。

做爆品，乃至引爆实体店，需要经营者有对经营理念的深刻领悟，能够站在消费者的角度，以用户思维，完成对消费者的需求揣测和理解，从而做出产品规划、品牌定位，以极致思维做出满足消费者需求的产品、提供极致享受的服务体验，并以创新思维对产品、服务进行更新迭代，以迎接消费升级的挑战，满足消费者日益挑剔的需求。

从本质上讲，爆品思维首先是思维模式上的改变。

随着社会的进步，时代的变迁，新一代年轻消费者越来越重视心灵的充实，对价格的敏感度不强，金钱观念偏弱，高度接受超前消费，更注重体验、服务、个性化。

为了迎合新时期的消费者，需要改变思维模式，而思维模式的转变在引爆实体店的过程中将会贯穿始终，从某种意义上讲，做爆品是一种思维模式的改造和升级，是各种实体店运营新思维的交汇与融合。

1.爆品思维是极致的顾客思维

所有成功的爆品，都有一个共性——运营者都能很清楚地描述他们的消费者，了解他们的生活形态和生活轨迹，知道消费者害怕什么和喜欢什么，清楚消费者什么时候使用自己的产品和服务，使用的目的是什么，以及什么时候分享。

对实体店经营者而言，在做爆品时不能单从自己的需求出发，一定要从消费者的需求出发，认真研究消费者的心理，找出其痛点所在，这样才能有针对性地去解决他们的需求，精益求精地打造出能够让消费者尖叫的产品和服务，这样才能在满足消费者需求的同时，得到更广泛的口碑传播，收获更多的认可和信赖。

产品思维，是传统工业经济时代的思维模式，在工业时代，共性化、统一化、标准化、规模化有利于生产力水平提高。而经流水化生产线打造的大批量产品，有助于降低成本，增强竞争力。

产品思维主导下的产品，很难满足顾客的个性化需求，因为商家的关注点在于产品功能最大化、生产成本最低化、顾客数量最大化。这种诉求，必然无法满足顾客的差异化需求。

在互联网经济时代，顾客的诉求变了，眼界提升了，他们越来越喜欢追求差异化、个性化的产品和服务，从而排斥千篇一律的标准化、统一化的产品和服务。

产品思维，显然难以满足顾客新时代的需求，顾客思维是应运而生的。

顾客思维关注的是活生生的"人",是一个个鲜活的顾客,而不再是"物",不再只是产品。它的聚焦点由产品、市场转移到了顾客身上,是切实围绕顾客的核心需求和顾客痛点,用心去满足顾客需求、消解顾客痛点的一种思维模式。在这种思维模式下,商家多维度的经营思路经过梳理后,最终被聚焦于顾客本身。顾客思维旨在从产品、服务、文化、精神和思想等各个层面,满足顾客不断增长的个性化、差异化物质需求、文化需求和精神需求。顾客思维也有三个明显特性(见图2-1)。

图2-1　顾客思维特性

第一,人性化。顾客思维基于特定顾客,直接体现对顾客的关怀、友爱、信任、尊重及成就等人性元素。

第二,个性化。满足顾客的个性化、差异化、小众化需求,不再局限于大众化需求。

第三,多样化。从多个层面,以多种形态来满足顾客需求。商家提供的产品及服务仅仅是其中的一个层面、一个形态,只是物质的层面、服务的层面。顾客思维的多样化特征更多地体现在对顾客文化、情怀、精神和思想层面上的满足与关怀上。

在顾客思维主导下的商家顾客关系中，顾客得到的不仅仅是物质层面上的满足，更有情怀、精神、文化和思想层面的满足。其目的是让顾客开心、快乐、愉悦，同时又能收获知识、提高思想、升华精神，这是顾客思维的真谛。

顾客思维，强调体验至上。要致力于消除顾客体验的真空地带，好的顾客体验应该从细节开始，并贯穿于每一个细节，能够让顾客有所感知，并且这种感知要超出顾客预期，给顾客带来惊喜，贯穿品牌与消费者沟通的整个链条。

在过去，商家把产品（服务）销售提供给顾客，拿到回款后通常就希望这个顾客最好不要再来麻烦自己。而在顾客体验为主的时代，产品销售出去，顾客的体验之旅才刚刚开始。须知，比广告等各种营销措施更重要的是顾客在使用产品时的感受。如果你的产品在体验方面做得好，顾客在使用它的时候会感知到你的存在，这就意味着你的产品时刻都在产生价值。就好比人们很少看到苹果公司做广告，但苹果手机一旦推出新品，便有无数顾客趋之若鹜。

2.爆品思维是一种粉丝思维

爆品，通常与粉丝密不可分，离不开粉丝的分享与追随，也正是因为有了粉丝的存在才能将产品在社会化营销中成功引爆。

粉丝即英文Fans的音译，粉丝经济，泛指架构在粉丝和被关注者关系之上的经营性创收行为，被关注者多为明星、偶像和行业名人等。

如今，粉丝经济的适用范围已经大大扩展，网红、自媒体、商家、企业甚至个人都可以拥有自己的粉丝，围绕粉丝的创收行为都可以视为粉丝经济。

未来的品牌没有粉丝迟早会死。在工业时代，你只需要有顾客和用户即可，而未来时代没有你的社群、你的粉丝，你就是死。关于这部分内容，笔者在第九章还会重点讲解，所以这里不再赘述。

需要提醒大家的是，爆品在最初阶段不应该以销量定输赢，而是应该以它的粉丝群论英雄，即粉丝思维。

3.爆品思维是一种品牌思维

实体店做爆品为了什么？是为了打造差异化竞争优势，是为了树立品牌，品牌树立起来了，就能够被消费大众所熟悉、所喜爱，形成良好的口碑，在消费者心中占有一席之地。如果能够成为消费者在某一消费领域的首选品牌，成为其品质生活的必需品，这将意味着实体店爆品思维的成功。举个简单的例子，线下各种坚果、炒货门店数不胜数，为何人们一提起坚果就想起"三只松鼠"？这其实就是品牌的效应在发挥作用。

二、打造爆品即提供解决方案

从本质上讲，爆品思维首先是思维模式上的改变，其次是要致力于为潜在消费人群提供爆品解决方案。

未来实体店的定位应当是——成为消费者即兴购买商品与服务的社区服务中心和生活百货馆，即消费解决方案提供者。

打造爆品需要提供全新的产品、服务，给消费者带来极致的用户体验，从更深层的意义上来说，打造爆品更是一种解决方案，一种针对消费者潜在问题和需求的解决方案，需要做好规划分步实施，误打误撞出来的高销量产品是不能称为爆品的。

在电商和互联网的冲击裹挟下，实体店也开始学习互联网思维，其实，互联网思维的本质就是用户思维，即快速感知用户的需求，并提供适得其所的解决方案（产品或服务）。

2015年博鳌亚洲论坛，在关于"互联网思维与商业的本质"的跨界对话分论坛上，百度总裁张亚勤表示："什么叫互联网思维，或者是什么是本质？我想了一下，从技术或者从产业观点来说，应该是一种感知的能力。对于用户的快速感知，对场景的快速感知然后做出应对。"

如何去感知你的用户并快速做出反应呢？

首先要以用户为中心，而不是以自我为中心。大部分实体店经营者时时刻刻想的都是"我怎么把东西卖出去"，而没有心思考虑顾客想什么、需要什么。只有站在顾客的角度换位思考，做出针对性设计或提出解决方案，才能引起顾客的共鸣。

其次要知道你的主流消费群是谁？他们在哪里？他们喜欢什么、不喜欢什么。而不是胡子眉毛一把抓，什么样的客户都想要，最后什么也抓不住。要锁定目标消费群，集中优质资源满足他们的需求，其他群体作为辅助。

实体店要变身"消费者解决方案提供商"，需要具备"问题思维"。

1998年，刘强东带着12 000元积蓄，到中关村租了一个4平方米的柜台。那时候中关村几乎所有的商家做生意都是一个模式，老板对员工的培训基本都是如何去拉拢顾客买东西，卖的越贵利润越大。但刘强东觉得这是不对的，终有一天这种混乱的情况会改变。

刘强东在开柜台的第一天，就实行所有商品明码标价，所有商品都开正规发票，这在中关村市场是开天辟地头一回。

他的柜台不接受顾客讨价还价，因为所有的商品都是正品行货，所有的商品都可以开具发票，给予质保。

在那个年代，刘强东的做法与整个市场格格不入，因为整个中关村做生意基本都是想尽一切办法，如何把1元钱的东西以2元钱卖出去，3元钱的东西6元钱卖出去，甚至不惜通过变相欺骗的方式。

随着这种欺骗发展下去，顾客失去了对商家的信任，总是带着警惕和防骗的心理去消费，这给消费者带来了障碍，也无形中增加了商家的成本。

这就是问题！谁能把这个问题解决，谁能满足顾客的真实需求，谁能消除顾客的顾虑，谁就可以取得成功，非常简单。

刘强东解决了这个问题，很快便脱颖而出。

当把这种理念坚持到第六年的时候（2003年），刘强东的生意做大了，从当初一个数平方米的小柜台发展到了12家店面，其中北京有3家店，而且每家店的营业额都非常高。

"如果你让我说创业，我想说，创业要想取得成功，关键就一句话：只要你能够解决一个问题，那么你的项目就一定会成功。"

这是刘强东在哈佛中国论坛上就创业话题所做的总结。

怎样去解决问题呢？

首先要明白问题在哪里，明白顾客的需求在哪里。

当然，要准确地回答这个问题，不是一件简单的事。因为它不是一个独立的问题，而是很多问题的一个集合：

◆你的潜在顾客群是谁？

◆他们都有怎样的特征？（性别、年龄、收入、教育背景、居住地区、兴趣爱好、婚姻状况等）

◆你可以在哪里找到他们？

◆他们有哪些共通的问题？

◆你帮他们解决的又是其中哪些问题？

◆你如何确定这些问题实际存在？

◆这些问题有多么困扰他们？

◆他们愿意付钱解决这个困扰吗？

◆在没有你的产品/服务之前，他们都如何解决这个问题？

◆原本的解决方案优点是什么？缺点又是什么？

◆他们都花多少钱在这些原本的解决方案上？

◆你知道什么事情是原本那些解决方案提供者所不知道的？

◆为什么原本的解决方案提供者不知道这些事情？

◆为什么原本的解决方案提供者不改正他们的缺点？

◆这个问题是因为使用了某个产品/服务而造成的吗？

◆这个产品/服务的生命周期如何？

◆能够等待/支撑你的解决方案吗？

只要不断地思考这些核心问题，你的经营模式就会越来越清晰。

不过，这些问题不是凭空想象出来的，它是建立在对顾客真正了解基础之上的，要做到对顾客真正的了解，有的时候不能只凭自己的想法，要真正走近顾客，去满足他们内心真实的微化、个性化需求，从而为其提供超预期体验。

未来实体店的角色定位，更多的是扮演消费解决方案提供者。

三、物超所值才能引爆市场

过去，旧的商业法则是物有所值才能满足消费者需求。

现在，实体店爆品法则是物超所值才能引爆市场。

比物超所值更重要的是，要让顾客感觉到物超所值，感觉到自己占了便宜。

大街上随处可见各类蛋糕店，笔者发现了一个现象，只要店家在窗外挂出"买一斤送半斤""买十元赠五元"的促销条幅，外面的消费者就会排成长长的队伍。不促销的情况下，则鲜见有人排队等候购买。

笔者猜测，很多人甚至都忽略了商品单价的变化，而只是简单地被"买一斤送半斤"的促销信息所吸引。

有便宜，不占白不占！这是大众的一种普遍消费心态，是消费者希望"物超所值"、希望占便宜这一消费观的外在表现，是对性价比永无止境的追求。消费者认为性价比越高越好，商家提供的产品和服务最好是免费，不需要自己掏腰包。

所以，一定要向目标消费者传达物超所值的消费信息和消费诱导。从这一角度来看，爆品是成本相对低廉但又强大的产品，有几个关键的要素：价格相对低、产品（服务）相对好、有群众基础、识别度要高，其中，物美价廉是让顾客感觉到物超所值的关键所在。

雷军曾去美国"好市多"（Costco）超市体验购物，他是这样描述排队经历的："我在金山公司当高管时去美国出差，一下飞机张宏江博士就租了辆车直奔Costco。完了回来吹了半天，经他一说，除了我之外所有9个高管都去了。结果晚上回来大家说东西太好了，我就问怎么好。其实就一件事，便宜。所有的东西都比国内便宜，只有十分之一的价格，一堆东西在北京购买需要人民币9 000多元，Costco只要900元。"

连雷军都推崇的"好市多"，是最值得中国实体商家研究的标杆之一，它以极低的毛利却保持着坚挺的会员忠诚度，它以销售贴近成本的低价产品著称，让顾客为之疯狂。

"好市多"能够保持低毛利的另一个杀手锏就是前文提到的会员制。事实上，商品销售毛利带来的利润，只是企业利润的一小部分，只够用于人事等日常开销，"好市多"的利润大头来自于会员年费。进入"好市多"购物，必须要有会员卡，其中执行会员每年年费为110美元，非执行会员的年费则是55美元。2014年全年，"好市多"的销售利润为10亿美元，会员年费收入则高达24亿美元。

"好市多"对商品"死扣"，对员工却不抠门，员工薪酬远远高出沃尔玛等同行，离职率只有5%。

在2014年，全美企业员工满意度排行榜上，"好市多"仅次于谷歌，排名第二。

用媒体人金错刀的话形容就是：

"好市多"这么多年所向披靡的最重要原因就是抓住了零售的本质：

商品做到极好；

价格做到极低；

服务做到超预期！

这样的零售商能不爆吗？电商能颠覆吗？

商家凭借高品质、低价格"爆款"产品、服务，能迅速撬开市场，聚拢一大批粉丝型消费者，在竞争惨烈的"红海"市场中杀出一片"蓝海"，比如"好市多"和"名创优品"。当然，需要人们注意的是，高品质、低价格只是表面现象，背后反映的是商家的高超运营能力和成本控制能力。

四、高质高价也能出爆品

物超所值能够打造爆品，那么高质高价能否出爆品呢？答案是肯定的！

当前消费趋势两极分化日趋明显：一极是向上高消费、奢华消费；另一极则是向下低消费、实惠消费。

同以往相比，消费者变得更加务实、更加挑剔，在他们喜欢的产品和服务上，他们不惜代价，愿意付出高价。而在那些不太重要，对他们来说不痛不痒的产品消费门类上，他们不愿多花一分钱。

进行趋低消费时，消费者会在同类、同品质、同级别产品中选择价格最低的商品。

拒绝中庸，拒绝妥协，于是，消费市场开始两极分化，呈现两个趋势：趋低消费和趋高消费。一方面，网络购物、平价购物也正在形成浪潮；另一方面，高消费、奢侈消费呈跳跃式增长。

这种消费需求也就为实体店的"高质高价出爆品"奠定了消费基础。

在济南有一家"老黑烧烤"非常受欢迎，顾客想吃到这家烧烤，并不容易：

"老黑烧烤"摊位摆在济南的一处小树林里，每周只有三天出摊，其他时间休息；

来"老黑烧烤"吃烤串，需要提前预约，否则，概不伺候；

有很多明星都是常客；

羊肉20元一串，而且不是类似北京地坛庙会上的那种巨型肉串，就是普通的小肉串；

人均消费三五百元，甚至上千元，很是寻常；

羊肉绝对货真价实，而且全是从新疆空运到济南的新鲜肉；

……

这就是典型的"高品质，高价格"，却让消费者趋之若鹜。

再来看一个例子：

坐落在台北东区的"牛爸爸"是一家牛肉面馆，门店面积并不大，只能容纳40个人同时就餐，可是这里的牛肉面每碗高达10 000元新台币，折合人民币大概2 229元（按2018年8月汇率）。

《华尔街日报》曾以"全世界最贵的面"为题，对"牛爸爸"进行过专题报道，让它名声响彻海内外。

"牛爸爸"的牛肉面贵在何处呢？

1.极致的口感

"牛爸爸"创始人王聪源，为了找到更好的保存牛肉汤香味的方法，他亲身试验，尝试了上千遍，甚至梦里，他都在分析牛肉面的做法。

2.极致的原料

为了采购到品质最好的牛肉，王聪源从来不计较代价，最后连供应商都对他无话可说了。"牛爸爸"所选取的牛肉都来自澳大利亚、巴西、美国以及日本等原产国，每一块牛肉都有独特的造型。

3.极度精细化

"牛爸爸"有五六种颜色的汤汁，分别是选取牛身上的不同部位熬制而成的,做到了极致。可供顾客选择的有二十多种面条,宽的、细的、圆的、扁的,应有尽有,还会根据顾客对面条软硬的不同要求来进行煮制。

4.只求品质,不求规模

"牛爸爸"名声很大,王聪源并没有想着扩大规模,在台湾只有一家店面,每天只摆出四张桌子,一天只供20个客人就餐,重在品质,重在客人满意,而不追求数量。王聪源说:"我们不会让更多客人同时就餐,客人数量如果上升了,我就会提升面的价格,甚至把店面转到更加偏远的地方。很多人觉得这完全不合乎做生意的逻辑,可是我觉得,一个厨师煮十碗面,和三个厨师煮一碗面相对比,区别肯定很明显。"

当然,高端顾客同时也是挑剔的,这就要求"高质高价爆品"需要满足以下条件(见图2-2)。

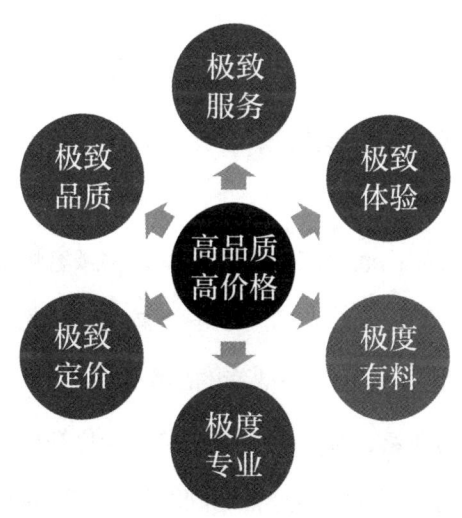

图2-2 "高品质、高价格"模式的支撑点

五、单品爆破理论

爆品，顾名思义，是能够快速引爆、提升客流、拉动人气和销售业绩的明星单品，它能够为店铺有效解决客流和现金流两大核心问题。

爆品一定是店铺内的明星单品，至少需要在以下某一方面实现突破：

第一，品质突破。产品质量比竞争对手都好，就是独一无二的爆品，就像苹果，虽然价格昂贵，消费者依然趋之若鹜。

第二，性能突破。性能好到别人都做不出来，性价比超高，一直被模仿，却无法被超越，竞争对手难以望其项背，也是爆品。

第三，价格突破。如果品质性能无法同竞争对手拉开差距，也可以在超低价格上做文章，祭出价格这个杀手锏，那也是爆品。

爆品，从营销角度可以分两大类：

第一，流量型爆品：以快速提升店铺人气和客流为主要目的，适合于引爆商圈、周年庆、新店开业等情况，多是可以用来抢顾客、打击竞争对手的明星单品。

第二，利润型爆品：通过店员人为推荐，将顾客快速引渡到可以提高毛利和客单价的主推利润单品。这适合于已经具有商圈基础、具有一定人气和客流的门店，或者门店里面已经有热卖的品类区。

深谙爆品之道的商家，都会将资源和精力聚焦在极少的产品上，以偏执的态度打磨出极致的产品，顾客兴奋的同时伴随着的是商家口碑的爆棚，带来众多积极效应（见图2-3）。

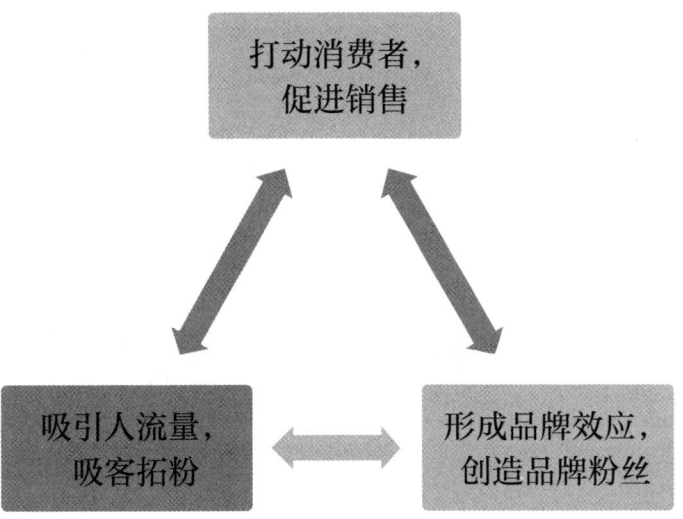

图2-3 爆品的三大效应

什么是明星单品？

2014年7月，西北菜餐饮集团西贝莜面村，宣布以600万元的价格买断《舌尖上的中国2》里的张爷爷挂面，随后开始在其全国门店推出了名为"张爷爷家原汁原味"的酸汤挂面。

从上市到当年8月底，短短两个月，这种酸汤挂面就卖出了100多万碗，销售额突破1 700万元。原本就天天排队的西贝莜面村，更是排队排到爆。

这碗面的火爆，除了其独特的来历外，跟西贝莜面村贝掌门人贾国龙在产品层面的极端偏执倾向分不开的。

有知情人士称，在西贝莜面村内部"爆品思维被反复讨论，跟产品较劲的程度令人赞叹……在内部，其实讲的是'非常、非常、非常好吃'战略，贾老板认为仅仅'好吃'两个字还远远不能表达西贝在这个问题上的态度"。

西贝对产品较劲到什么程度呢？（见图2-4）

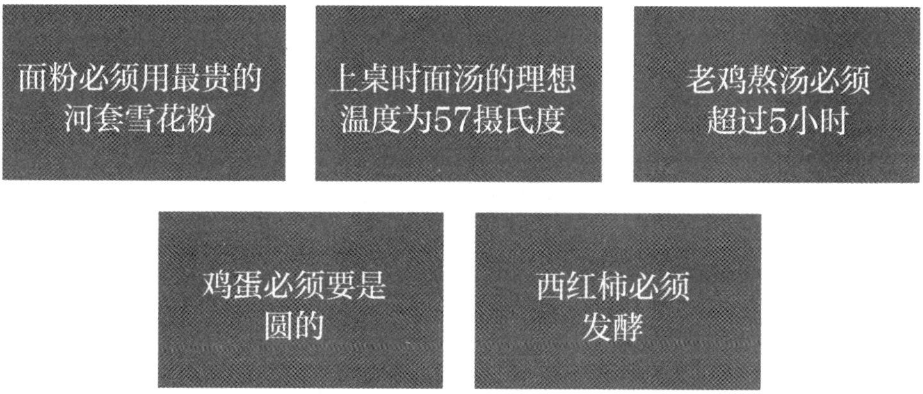

面粉必须用最贵的河套雪花粉	上桌时面汤的理想温度为57摄氏度	老鸡熬汤必须超过5小时
鸡蛋必须要是圆的	西红柿必须发酵	

图2-4　西贝莜面村的爆品思维

以这种态度去做产品，难怪能做到单品爆品。

再来看一个小例子：

某家超市搞了一次促销活动，该活动的优惠产品只有一项——大蒜。

之所以从众多的产品中选择大蒜来促销，是因为时值端午节，而当地居民有在端午节腌制大蒜的习俗，需求量比较大。

根据调查，该超市发现当地大蒜的零售价多在每千克16元左右。而后，他们在山东的某个大蒜产区以3元/千克的价格采购到了大量货源，算上运输成本，最后的到店采购成本为3.4元/千克。

该超市对这批促销大蒜的定价是多少呢？1.99元/千克！

在正式促销开始前，超市在各大线上线下渠道提前进行宣传造势。

待促销日期来临，结果可想而知，当地民众都陷入了疯狂之中。大家都不再是几斤的买，而是成袋的批量采购，超市每天的销量都在100吨以上。

短短几天，仅此一项，利润就达数十万元，还不算引流带来的其他衍生消费。

这就是典型的单品爆破，它也符合华米科技创始人黄汪自曝的小米手环单品爆破的五大法则中的四大法则：

第一，竞品差异化（超低价区别于竞争对手）。

第二，找最合适供应商（原产地大批量采购，将成本降到最低）。

第三，找出产品独特性（需求大、应时）。

第四，做产品有所为有所不为（只重点引爆大蒜一种单品）。

第五，开放合作。

第三章
痛点思维：找出行业痛点，予以改善

爆品，是引爆市场的口碑产品，甚至只是一款产品。爆品战略，就是以顾客的一级痛点切入，提供足够好的商品和服务，集中所有精力和资源，迅速引爆用户口碑，从而实现单点突破并赢得市场。

商家提供的产品、服务，其存在的底线就是顾客痛点。找到用户痛点是打造爆品的前提，不管产品多么有情怀，做工多么精致，如果用户根本不需要，或者说需求并没有那么迫切，一切努力都为无用功。

一、读懂顾客心理,研究顾客需求

实体店直接面对顾客,需要跟顾客进行当面沟通交流,才能达成交易。因此,实体店经营者需做好换位思考,站在顾客的角度去考虑问题,去探究他们的心理需求,而不是站在自己立场上想当然地去判断。

对这个问题,管理大师德鲁克早在1954年出版的经典著作《管理的实践》中,就进行了提醒:

> 企业认为自己的产品是什么,并不是最重要的。特别是它对于企业的未来、成败也不是那么的重要。顾客认为他买的是什么以及他心中的"价值"是什么,这才是最关键的。这也将决定一家企业会是什么样的企业、生产的产品是什么以及企业会不会成功。

1964年,德鲁克在另一本著作《成果管理》中再次谈到这个问题:

> 企业内部人士对于顾客及市场的认知有可能是错的,因只有顾客才真正了解自己及市场。企业只有通过询问、观察及了解顾客的行为,才能够找出顾客是谁、顾客如何购买、如何使用买来的产品、什么是顾客的期望,以及顾客的价值观是什么等。

企业化运作的零售业如此,实体店也不例外。

实体店是时候把目光投向你的顾客了,作为直接面对顾客的行业,若不去深入研究顾客心理、揣摩顾客需求,于情于理都讲不通。

史玉柱称:"自从'三大战役'失败后,我就养成一个习惯,谁消费我的产品,我就把要他研究透。一天不研究透,我就痛苦一天。"

如何把消费者研究透?

要下笨功夫。

开发游戏,史玉柱没有经验,有的只是玩游戏的经验。

怎么才能打造出能击中用户痛点的产品呢?史玉柱的方法很特别,也很简单,就是找潜在游戏玩家聊天,多聊天,把他们的心思研究透。

这个过程中,史玉柱先后找了2 000个玩家聊天,每个至少聊2小时。总计就是4 000小时,平均一天10小时的话,也需要400天。

这真是一项浩大的工程。

史玉柱也可以不这样做,可以象征性地找几个典型用户大致沟通一下,其他的凭想象去弥补。

这种方式当然省时省力,但是它不可能洞悉大量用户在网络游戏中的兴奋、紧张、激情、愤怒、郁闷、心跳、刺激、张狂、霸气、嫉妒、失落、沮丧、掌控、宣泄、说一不二的细腻情绪。

这些用户的小情绪都被史玉柱摸得明明白白,他对用户的需求都了如指掌。

后来的事实也证明,征途游戏最吸引人之处,正是给了玩家以上情绪一个合适的载体、一个恰如其分的释放机制。

对顾客研究投入的精力,不会白费。

笔者经常跟实体店主讲这样一个案例:

一个时期内,很多厂家都认为香皂的功能是显而易见的,没必要再去做过于深入的研究。后来,一家知名香皂厂商突破了这一惯性思维,组织专业人员，针对香皂同人体皮肤、组织、毛发之间的关系进行了长期的深入研究，还将研究结果编写成了厚厚的一本书。后来这本书被送到了公司广告部，奇效出现了，广告人员通过该书，产生了源源不断的好创意，这个过程竟然持续了5年之久，这期间该厂家的香皂销量激增了10倍。

实体店经营也是如此，必须要研究目标顾客群的心理需求，要深入一线，实地接触顾客。实体店通过沟通、观察、访谈等形式体验、感悟顾客的真实境况和心理需求，将他们彻底研究透，找出他们的"痛点"，提炼出自己的卖点，整合出自己的独特竞争优势，进行攻心销售。

现实境遇中，笔者看到的却是，更多实体店经营者将注意力投向了市场，他们关注的是如何赚取更多的利润，如何把生意做好，却很少有人关注消费者的潜在需要。终日抱怨生意难做，却不肯分析消费者心理需求的实体店主大有人在。他们的共同点是：

不去分析顾客群有哪些；

不了解顾客的消费习惯和购买偏好；

不了解每次客单的构成和返店周期；

不管谁光顾，都只想推销自己最想卖的商品/服务；

只考虑个人收益，不考虑顾客真实需求；

不去了解顾客痛点，更不会做有针对性的改进；

生意不好，就拿"经济大势不好，电商冲击"来安慰麻痹自己；

……

抱着这种单向式的以自我为中心的经营思想，扪心自问一下，这些店主还能走多远呢？

顾客需求可以分为显性需求和潜在需求。

显性需求又名基本需求，是顾客可以明确感受到并且可以表达出来的，可以进行针对性满足的需求。

举例来说，顾客饿了，商家给他们提供饮食，这就是满足了顾客的显性需求。通常，当顾客的显性需求被满足时，他们并不会有太大的反应，这种满足仅仅限于基本的生理层面。但如果这种显性需求不被满足，人们就会感觉到愤怒和不满。

潜在需求指的是顾客不能准确表达的，但是存在于内心的深层次诉求，且往往有着感情化的倾向。

继续上面的案例，假设顾客饿了，某餐厅给客户提供一顿大餐。顾客饱餐后，餐厅又免费提供一个小果盘。其实不提供，顾客也说不出什么，因为餐厅提供的餐食已经解决了他们饥饿的基本需求，而吃水果只是顾客的潜在需求，即使得不到满足，他们也不会抱怨，不会有明显的不适。不过，当这种潜在需求一旦得到满足，就会超出顾客期望值，这样，他们就会感觉到兴奋。

想要更精准地发现顾客的潜在需求，就要具备一双善于发现的眼睛，关注顾客抱怨，关心顾客不经意的细微行为模式，具体可参照以下步骤：

第一步：观察顾客。仔细观察顾客在移动互联网时代会遇到什么样的烦恼、不便和麻烦，怎么解决这些烦恼、不便和麻烦，怎样给他们带去更为简洁、更为便捷、更为省时、更为低价的解决方案。

第二步：融入顾客。把自己当作顾客，加入他们的群组，去倾听，去发现他们的抱怨、要求，听听他们自己所渴望的解决方案。

第三步：换位思考。把自己彻底装扮成目标消费者，去模仿他们的生活习惯，去使用、体验消费者的生活情境，以同理心去模拟他们的消费场景。

比如，宝洁公司的产品研发人员曾跟消费者一起生活十余天，近距离观察消费者的行为模式和潜在需求。

第四步：邀请参与。必要情况下，可以让消费者参与到产品、服务的配置、设计中，以凸显他们被隐藏的真实需求，然后再在产品的可行性上进行一一甄别。

第五步：做出模型。根据上述步骤得出的结论，尽快做出一个产品或服务原型来，让消费者进行小范围使用、体验，及时发现并解决问题，完善产品和服务，快速反应，赶快迭代。

二、找到消费者痛点

痛点，简单来说，即痛苦之点。

从生理学角度看，痛点，是指人体柔软脆弱的部位，按压触碰，或者刺激之后就会感觉到疼痛。

从社会学角度看，痛点，是指那些让人感到不安、羞怯、沮丧、紧急、难受、煎熬、愤怒等一切负面情绪的爆发点。

从消费心理学视角看，痛点，特指用户在使用产品或服务时产生抱怨的、不满的、苦恼的、愤恨的，是一切让人感到痛苦的接触点。

生理学角度的痛点显然不在笔者的探讨范畴之内。

痛点的定义，其实可以参照人民群众日益增长的物质文化需要同落后的社会生产力之间的矛盾。

痛点产生的根源就在于，消费者日益增长的物质文化需要同生产者、服务者提供的不够完善的产品、服务之间的矛盾。

所谓痛点，是指用户在使用产品或服务的过程中更高、更挑剔的需求未被满足而形成的心理落差和不满，这种落差和不满会在用户心智模式中聚焦成一个点，成为负面情绪爆发的原点，让用户感觉到痛。

找痛点，就是找到用户最痛的需求点。找痛点是一切产品的基础，也是一切创新的基础。

"顾客的痛点是什么，你是如何解决的？"

这是实体店经营者应牢记于心的一句话，它又可以分解为几个小问题：

第一，顾客的需求在哪里（顾客的痛点是什么）？

第二，如何满足顾客需求（如何消除顾客痛点）？

第三，顾客是否会为店主的解决方案买单（顾客是否愿意为消除痛苦付费）？

基于痛点的需求，只是顾客需求的一个方向，需求是有层次之分的，顾客需求通常表现在两个层面：

第一层面："止疼型"需求。

顾客因明显的痛苦、不适、紧急、窘迫、难受而产生的需求，迫切渴望出现一种产品或服务能够解决他们的问题，快速止疼。

饥饿时，人们对食物的需求；

生病时，人们对医治的需求；

寒冷时，人们对御寒的需求；

炎热时，人们对避暑的需求；

……

这类需求非常急迫，在这种情况下，顾客对相关止疼产品的需求最为强烈。

第二层面:"愉悦型"需求。

顾客已经习惯既有的生活方式,习惯并接受了现有产品和服务,这些产品和服务能够满足他们的基本需求,在使用时,顾客没有明显的痛苦和不适感。

在iPhone手机面市之前,使用诺基亚、摩托罗拉或是国产中兴、联想手机的顾客,也能满足基本的通讯需求,使用这些产品时他们并没有明显的不适感。但是苹果智能手机的横空出世,极大地提升了顾客体验,以极致的产品赢得了大批顾客青睐,这就是"愉悦型"需求。

这种情况,是"极致产品、服务"之于"普通产品、服务"而激发的需求。

还有一种情况,是刚性需求之外的需求,这种产品或服务,对顾客来说是一种可有可无的消费。即使不去消费,也不会给自己带来痛苦和不适,不过一旦消费,即刻能给自己带来愉悦和享受感。比如,人们对各种娱乐项目的需求,诸如各种音乐会、KTV、电影院、演唱会、游乐设施、康乐场所带给人们的愉悦体验。

"止疼型"需求和"愉悦型"需求,所对应的恰恰是人们花钱消费的两个方向:

第一消费方向:对抗痛苦,对抗不适。

第二消费方向:追求愉悦,追求享受。

试想一下,顾客面对各种琳琅满目的商品和五花八门的服务,为什么会掏钱买账?莫不是出于这两种需求。

相对于愉悦顾客,缓解或消除顾客痛苦,显得更有价值,也更有意义。

相应地,对抗痛苦的生意要比愉悦顾客的生意更好做,因为顾客的需求更紧迫,更急促。更多时候,人们甚至没有选择的余地,没有说不的权力,只能选择"破财消灾"。

只要有人的地方，就有痛苦存在；只要有痛苦，就有商机存在。因为一旦有痛苦，人就需要相应的产品或服务来消除痛苦，就需要为产品和服务买单。

当顾客有痛苦，商家也发现了顾客的痛点并为其提供了去痛的产品组合，那么，是否意味着顾客就一定会购买呢？

未必！

为什么呢？

一个简单的问题：顾客为什么要付费呢？

答案是：因为他们有需求！

问：顾客为什么有需求呢？

答案是：他们有问题或麻烦需要解决！

问：有问题或麻烦，就一定会产生需求，产生购买吗？

答案是：不一定！

一个简单的例子：

某个人身材肥胖，就一定有减肥的需求吗？就一定要花钱去减肥吗？当然是不一定。

问：怎么样才能让顾客的烦恼转化为实际需求，付诸消费行动呢？

答案是：当不变的痛苦（现实烦恼）超过改变的痛苦（付出合理的成本，代价不要太高昂）的时候，潜在需求才能转化为实际购买。

店铺经营者要明白这种逻辑：

有了问题，顾客才会产生痛苦；痛苦足够大，才会产生需求；相应产品或服务的性价比要足够好，顾客才能最终去购买。

商家提供的产品、服务，其存在的底线就是顾客痛点。找到用户痛点是打造爆品的前提，不管产品多么有情怀，做工多么精致，如果用户根本不需要，或者说需求并没有那么迫切，一切都是白搭。

三、基于消费者痛点优化产品和服务

对于每天要接触大量顾客的商家来说，个别顾客的抱怨和痛点可能是小事。

但对于每一个具体的顾客而言，却不是小事。

当无数个"小事""小节""小抱怨""小痛点"累积到一定程度时，将会聚沙成塔，实现由量变到质变的逆转，到那时再意识到问题的严重性，就已经为时太晚。

聪明的应对之策是，对于顾客的抱怨和痛点，进行持续的修补与改善，精进产品，精进服务，优化顾客体验。

稻盛和夫先生在《六项精进》一书中提出了"六项精进"（见图3-1）。

图3-1 六项精进

这就是所谓的"六项精进"，实体店经营者学习运用痛点思维，同样需

要"六项精进":

（1）跟自己死磕（死磕产品、服务、用户体验），付出不亚于任何人的努力；

（2）不断突破自己的恐惧、胆怯，锐意进取，学习新思维；

（3）永不松懈对产品、服务品质的追求；

（4）致力于提供更优质的服务；

（5）在顾客体验提升上不断精进；

（6）每日换位思考，研究顾客的不便、烦恼、痛点，设法去改进，精进，精进，再精进。

以这种心态去开店，去销售产品，去提供服务，去满足顾客日益挑剔的需求，实体店怎么可能会被颠覆？

比如，某个店铺，某个线下商家：

如果他们是销售产品的，他们切中了用户痛点，提供了比竞争对手性价比更高的产品，提供了让顾客满意的产品。

如果他们是做服务的，他们针对现有行业中的用户烦恼，优化了服务体验，让顾客流连忘返，乐于分享自己的消费过程，口碑相传。

如果他们是做餐饮的，菜品不仅好吃，而且服务好，品质稳定，绿色又安全。

……

笔者相信诸如此类的痛点式经营，店铺老板所担心的绝对不会是电商冲击，而是生意太红火忙不过来怎么办；他们的成功一定是水到渠成，自然而然。

四、痛苦的生意比快乐的生意更好做

人类所有行为的动机只有两个：逃避痛苦、追求快乐。人们的购买消费行为，也是源自这两个出发点。前文已经说过，此处再简单回忆一下。

客户消费的第一出发点是：逃避痛苦。

叔本华说："生命是一团欲望，欲望不能满足就痛苦，满足便无聊，人生就在痛苦和无聊之间摇摆。"

面对痛苦和无聊，人们不会听之任之，他们会想方设法通过消费来缓解痛苦和无聊。比如，天冷了，要买厚衣服；生病了，要买药；饥饿时，要去吃饭；无聊时，会选择适当的娱乐方式来消遣。

客户消费第二出发点：追求快乐。

当人们已经习惯既有的生活方式，习惯并接受了现有产品和服务，这些产品和服务能够满足他们的基本需求，在使用时，用户没有明显的痛苦和不适感。

比如，普通的国产二线、三线品牌皮包，也能满足女性的基本出行和收纳需求，使用这些包包时她们并没有明显的不适感，也不会感觉不方便。但是相对而言，LV、爱马仕、古驰等奢侈品牌的皮包，在提供基本功用的基础上，更给用户带来了强烈的满足感、自豪感，满足了其虚荣心，甚至于为用户笼罩一层高人一等的光环和自信，极大提升了用户体验，以极致的产品赢得了很多高端用户的青睐，这就是"愉悦型"需求。

心理学家卡尼曼和沃特斯基共同提出过一个"前景理论"，他们两人因此获得了2002年度的诺贝尔经济学奖。

"前景理论"解释的是人们在面对概率已知的选项时，如何去做决策的问题。

两位心理学家的研究发现，人们通常是基于损失和收益的潜在价值来做决策，而不是依据最终结果。其中用来衡量潜在损失和收益价值的是"损失规避"之类的启发式。

所谓"损失规避"，是指大部分人对得到和失去的敏感程度不对称，人们面对损失的痛苦要远远大于面对得到时的快乐。举个简单的例子，捡1 000元所给人带来的快乐，不足以抵消丢失1 000元所带来的痛苦。

为了验证这一推断，行为经济学家设计了一个赌局：投掷一枚硬币，显示正面即为赢，反面就输。假设赢了可以得到10万元，输了就要失去10万元，请问你是否愿意赌一把？

从概率上讲，这个赌局输赢的可能性是相同的，是一个公平的赌局。

但实验结果却证明，大多数人不愿意玩这个游戏。道理很简单，虽然游戏的输赢概率相当，但是人们输掉10万元的痛苦，要远远大于赢得10万元的快乐。当想到有可能要输掉10万元，这种难受的程度要超过同样可能赢取10万元的快乐。

这也就是为何有时候严刑拷打要比威逼利诱的效果更好，因为利诱超过一定临界点就难以奏效了，而酷刑拷打的痛苦则能让人生不如死。

对常人而言，逃避痛苦的心理动力要远大于追求快乐的心理动力。

因此说，相对于愉悦客户，缓解或消除顾客痛苦，显得更有价值，也更有意义。

相应地，对抗痛苦的生意要比愉悦顾客的生意更好做，因为面对痛苦，顾客的需求更紧迫，更急促。更多时候，人们甚至没有选择的余地，没有说不的权力，只能选择"破财消灾"。比如各类药店、医院、诊所的生意，前去光顾的基本上都是会产生消费的准客户，因为这种需求时不我待。

只要有人的地方，就有痛苦存在；只要有痛苦，就有交易的机会存在。因为一旦有痛苦，人就需要相应的产品或服务来消除痛苦，就需要为产品和服务买单。

这个世界上，其实每个人都是一个消费者，对供给方而言都是一个待挖掘的宝藏，同时，每个人都有各自的痛苦和难言之隐。客户的钱袋子是否向店主敞开，甚至主动把钱给店主送来，取决于店主能否具备同理心，能否设身处地体会到他们的痛苦，精准发现潜藏在背后的痛点，在第一时间提供针对性的解决方案，或消除，或缓解他们的痛苦。

麻烦、难题、缺陷、缺点、不满、失败、挫折、抱怨、不便……这些来自客户的所有负面体验，对实体商业来说，恰恰就是发现市场商机的绝好机会。

实体店从业者要经常问自己，潜在目标客户的痛点是什么？需要是什么？

因此，成功的生意其实都是在卖止痛药，在兜售痛点解决方案。商业高手都很善于利用痛苦的力量。

五、研究顾客购买动机

《产品经理方法论》一书中提到了一件非常重要的事情——产品经理需要时常问自己："用户有购买动机吗？我能否在用户口渴难耐时，递给他半瓶救命水。"

在"用户口渴难耐"这个场景下，用户的痛点就是口渴，背后的需求就是"喝水"，发现用户需要喝水，就是聚焦用户需求，识别其消费动机。

销售人员也要时常问自己这样的问题：

顾客有购买动机吗？

如何去识别顾客的购买动机？

在你不清楚顾客想买什么之前，你永远都不会知道你能卖出去什么。

在现实中，没有任何两个顾客会因为同样的消费动机去购买同样的东西。每个顾客都是基于个性化的购买动机来决定消费行为，所以对顾客的购买动机了解得越多、越清晰，销售沟通就越游刃有余。

顾客的购买动机多种多样，常见的有以下几种（见图3-2）。

图3-2　顾客常见购买动机

把握不好顾客购买动机，会让店主丢掉大部分顾客。以下几个关键词，有助于店主识别顾客的个性化购买动机（见表3-1）。

表3-1　识别顾客购买动机的关键词和关键问题

关键词	问题延伸
谁	·你在帮谁购买这件商品？ ·谁向你介绍的我们？ ·你的熟人中，谁还用过我们的产品？ ·谁最想拥有它？ ·谁能够左右你的购买决定？

（续表）

关键词	问题延伸
什么	·今天是什么吸引你到我们这里来、找到我们的？ ·什么要素对你来说很重要？ ·在你找到喜欢的商品之前，还看到了什么？ ·买了这个产品，你还想搭配些什么？ ·你更喜欢什么颜色？ ·你更喜欢什么风格？ ·你希望它（产品、服务）给你带来什么？ ·你想达到一种什么样的效果？ ·你是做什么工作的？ ·在产品使用上，你有什么经验？ ·你觉得你的爱人（朋友、领导）最喜欢的是什么？
哪里	·你在哪里看到同样的东西？ ·它会被用在哪里？ ·你会到哪里旅行？ ·你住在哪里（或你是哪里人）？ ·这个特殊事件会发生在哪里？
为什么	·为什么你喜欢这种，而不是那种？ ·为什么你想要一个红色的？ ·为什么你更关注品牌？ ·为什么喜欢那个型号或品牌？
什么时候	·在你喜欢上它之前，你什么时候看到过一样的？ ·什么时候，你决定要购买？ ·你什么时候想要拿到产品？ ·上次购买是什么时候？ ·你什么时候会用得最多？ ·你想什么时候开始用它？ ·上次使用它是什么时候？

（续表）

关键词	问题延伸
跟我讲讲	·跟我讲讲你的丈夫（妻子、孩子、朋友、领导等）。 ·跟我讲讲你的计划。 ·跟我讲讲你过去所遇到的问题或者是你所关心的东西。

顾客的购买动机，背后也隐藏着一股驱动的力量，存在一个驱动链条（见图3-3）。

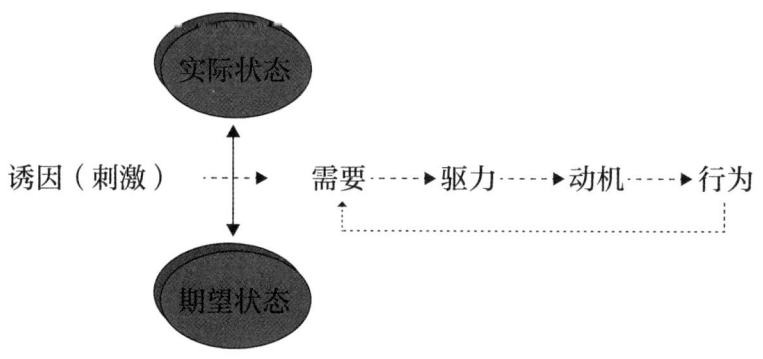

图3-3 购买动机的驱动链条

在这一驱动链条下：

顾客实际状态和理想状态之间会存在落差，落差会产生需求，这种需求指的是顾客生理上和心理上的匮乏状态。

需求有可能是显性需求，比如，顾客有一套小房子，其渴望的理想状态是拥有一套大房子，这种需求相对明显，能够识别，顾客也能准确描述。

还有一类需求处于未唤醒的潜在状态，只有当顾客的心理落差、匮乏感、痛苦度到了一定程度时，才有可能被激发。

需求的激发同样有两个源头，其一是自动自发出现，其二是销售人员通过一定的诱因进行刺激，激发其需求。

这里所言的激发就是上述链条中的驱力，它是指个体因生理或心理需要而引发的一种紧张状态，可激发或驱动个体采取相应行为来满足需要，消除紧张，从而消除现实状态和期望状态之间的落差。

比如：人饥饿（内部需要）时，美味是诱因，产生驱力，引起吃的动机、行为。

需要是引发动机行为的内部因素，诱因是引发动机行为的外部刺激。动机行为是一种具有指向性的驱动力，是由需要和诱因相互作用所决定的。

以上环节，店铺销售人员应重点把控住诱因，对顾客产生刺激和驱动力，使其做出购买决定。即通过相应的措施去刺激顾客，以此来激发对方的某种情感，并引起对方的情绪波动和心态变化，最终使这种情绪波动和心态变化朝着自己所预期的方向发展。

六、痛点成交法

基于用户痛点的销售实战，通常有三个步骤：

第一步，诊断痛点。

传统的销售路径，往往是依据"我们想怎么做"，而不是"顾客想要我们怎么做"。其实，对于销售而言，真正有价值的就是顾客的所感所想，诊断顾客痛点的最终目的是满足顾客需求、赢得市场。

站在用户角度去考量问题，能更容易筛选出哪个才是用户最在意的痛点，对症下药。

第二步，凸显差异。

痛点的本质，是基于对比。比如，对某项产品或服务的期望值过高，而实际购买的产品或服务未能达到这种期望值,其结果就是落差,这种由对比而来的落差,会给顾客带来痛苦。实体店工作人员应基于对比,找到企业产品、服务和竞品的差异,提炼出差异化优势,才更容易打动顾客。

第三步,证明收益。

店主要形象、具体地将产品、服务所能带给顾客的差异化价值、收益展示出来,可以借助数据和直观的产品介绍,而不是空泛的描述。

注意,在实际运用中,以上步骤有可能并存,甚至打乱先后顺序,一切以实际情况为准,切不可教条运用。

来看一个案例:

第一步:诊断痛点。

有一位顾客到家具店想购买一把办公椅子,店员带顾客看了一圈。

店员:"先生,您想买一把什么椅子呢?"

顾客:"平时办公用的。"

店员:"您有什么特殊的要求吗?"

顾客:"我有时候感到颈椎疼,找个符合人体工程力学的吧。那把椅子多少钱?"

第二步:凸显差异+证明收益。

店员:"600元。"

顾客:"这一把为什么比较贵,隔壁有一把和这个看起来差不多,只要250元。而且在我们外行看来这一把应该更便宜才对,因为那一把比这个还漂亮。"

店员:"这种椅子进货的成本就快要600元了,只赚您50元。"

顾客:"为什么这把椅子的进价如此高呢?"

店员:"先生,请您坐下来亲身体验一下。"

顾客依着他的话,坐了一下,感觉比250元的那款稍微硬一些,坐起来还蛮舒服的。

店员看顾客试坐完椅子后,接着告诉顾客:

"250元的那把椅子坐起来较软,觉得很舒服,反而是这把600元的椅子您坐起来觉得不是那么软,因为椅子内的弹簧数是不一样的,我们这款椅子由于弹簧数较多,不会因变形而影响到坐姿。而不良的坐姿会让人的脊椎骨侧弯,很多人腰痛就是由长期的不良坐姿引起的。就这把椅子来说,只是弹簧的成本就要多出将近100元。同时这把椅子旋转的支架是纯钢的,它比一般非纯钢的椅子寿命要长1倍,不会因为过重的体重或长期的旋转而磨损、松脱,您知道一般这一部分坏了,椅子也就报废了。因此,这把椅子的平均使用年限要比那把多一倍,使用的材质也都是最好的。"

"另外,这把椅子看起来不如那把漂亮,但它完全是依人体工程力学来设计的,坐起来虽然不是软绵绵的,却能让您坐很长的时间都不会感到疲倦。一把好的椅子对成年累月坐在椅子上办公的人来说,实在是非常重要。这把椅子虽然不是那么显眼,却是一把精心设计的椅子。那把250元的椅子很好看,但是质量就差了一点。"

顾客在听了这位店员的说明后,心里想:还好只贵350元,但是为了保护我的脊椎,就是贵800元,我也会购买这把较贵的椅子。

这里,这名店员就利用用户痛点,用简明易懂的语言成功说服了顾客,将价格较高的产品推销了出去。

七、找痛点，不要自以为是

恋爱的时候，最忌讳的就是单相思。找顾客痛点也是如此，切忌自以为是。店主不要一厢情愿地认为，自己认为的痛点就是目标顾客的痛点，在此基础上给出相应的产品和服务，就可以大卖。

这中间还缺少了一个比较重要的环节，就是与顾客沟通，看他们是否认为店主所认为的痛点即是他们自身的痛点？为了消除自己的痛点，他们是否愿意为店主的产品和服务买单。

为了验证痛点，店主应进行必要的顾客试验，付出一定的学费，让顾客当老师。

"雕爷牛腩"的案例就很典型。其实雕爷孟醒围绕食客痛点打造的轻奢餐——"雕爷牛腩"，在正式开业前，曾耗巨资进行了长达半年的内部封测。

通常网游正式上线之前都会搞一个"封测"，邀请资深玩家来玩，找出问题并进行修正。孟醒将这一招用到了自己的餐厅上，顾客测试的目的，就是看自己的产品和服务是否真正击中了顾客的痛点。

于是，公众看到了"雕爷牛腩"在开业前长达半年的封测，雕爷为此耗费1 000多万元。他所邀请的顾客都是各路明星、微博大V、美食达人，全部免费试吃。在半年的"封测期"内，前来"雕爷牛腩"试菜的影视明星和京城各界美食达人多达数百位，甚至很多圈内大咖、明星皆以获得雕爷牛腩"封测邀请码"为荣。

这在传统餐饮人士看来，简直就是瞎胡闹。不过后来的事实证明，孟醒这笔钱没白花，这半年的时间也绝不是在瞎折腾。

雕爷认为，一餐饭从前菜到主菜再到甜品是个系统，每道菜都不是单独存在的,封测的过程就是找出其中的问题。举个例子,"雕爷牛腩"最初的开胃小菜,选用的是韩国的重发酵泡菜,但经过各路美食达人的一致品评,最后被换成了四川泡菜,因为韩国泡菜酸辣太过生猛,影响了后续沙拉相对清淡的口感。

通过各路达人的试吃与挑刺,"雕爷牛腩"的专业技术人员夜以继日地在诸如菜单、页面、按钮等各种小细节上"较劲儿"。

足足半年的封测确实没白搞,"雕爷牛腩"的服务和菜品口感被优化到了极致。

正式开业时,"雕爷牛腩"一炮走红。

由此不难发现,进行顾客试验的目的有两个(见图3-4)。

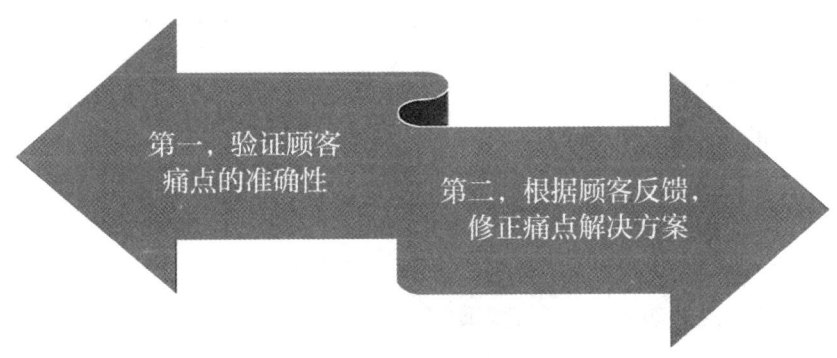

图3-4 痛点验证的两个目的

商家很容易跌进"伪痛点"的陷阱,其根源在于创业者在把握顾客痛点的时候,过多地陷在自己的小世界里,觉得某个顾客痛点会很紧迫,迫切需要自己去解决——不是从顾客的真实需求出发,而是简单地凭直觉,凭借所谓的"第六感",跟着感觉走,依据自己的思维模式、知识结构、文化背景、生活经历来做判断。这是非常严重的错误。

去过济南的人都知道,当地的"地摊文化"非常有名,很多人喜欢在路边小摊吃烧烤,喝啤酒。尤其是夏天,到处都能看到路边摊、马扎、烤串、光膀子的人、扎啤。

有人感觉这种路边小吃不卫生,且不雅观。就有人自作聪明地给改良了,将路边摊挪到了室内,房间收拾得干干净净,进行了精心装潢。

结果却门可罗雀,鲜有人光顾,为什么?因为去了找不到那种感觉了,食客要的就是户外接地气的那种氛围。

夏天到了,城市大街小巷布满了烧烤商家,很多人都遇到过、听说过烧烤摊使用猫肉、鸭肉、狐狸肉、狗肉来冒充羊肉的事。

用各种肉滥竽充数来冒充真羊肉,这种事确实发生过。山东电视台做过一档暗访节目,发现市场上的羊肉串80%不是羊肉,而是鸭肉、狐狸肉、貂肉,是用羊油浸泡过的。甚至在有些地方,去菜市场买羊肉卷,老板也会问顾客要真的还是假的,还是半真半假的。

哎!痛点来了!

作为消费者应该都怕吃到假羊肉,对此都深恶痛绝。那么,如果去做烧烤生意,就用货真价实的纯羊肉,肯定会大受欢迎。

还真有人这么想的,且真的去做了。

自媒体人董俊峰讲过一个案例:

"本地(山东某地级市)有个97烤吧,羊是现杀的,老板是个女的,1987年出生的,别人都喊她芹姐,我比她大,自然应该喊她芹妹子了。

我把本地烤串抱怨了一通。

芹妹子仿佛找到了知音:'这一切的根源就是本地没有烧烤文化,晚上9点你出来走走,路上几乎没有行人,这个时间出来活动的人通常消费力也不行,对于他们而言,真羊肉假羊肉并不重要,是肉就行,好吃就行,能喝酒

就行。'

她这么一说,我又突然觉得蛮有道理的,有一次我们去吃烤串,晚上10点左右,小吃街上一个人都没有,我们三个人坐在外面吃烧烤,来了俩小伙以为我是老板,问我:'有蛋炒饭没?'

我说:'没有!'

他们走了。

芹妹子当初上这个项目,也跟我似的,以为发现了重大市场,尝遍了本地烤串,没有一家让她满意的,当她自己真的上了这个项目,卖高大上的烤串时,发现反而没人吃……"

为什么在济南大受欢迎的真羊肉串,在其他地方却生意清淡呢?

首先,人们的消费能力有地域性差异。其次,各地的饮食文化也大有不同。切不可简单地将别处的餐饮项目跨地域生搬硬套。

也就是说,消费者痛点也会有地域差异,它会随着人们的消费能力、消费文化而改变。

店主在揣摩顾客需求、痛点时,不要陷入自以为是的怪圈,不要替顾客做决定。

第四章
减法经营：打造小而美的实体店

未来商业，因小而美，从某种程度上讲，做小、做专、做美，比做大、做强更容易。

小而美的实体店更容易打造爆品，其突出特征表现在：

◆独具特色的小店；

◆与众不同的消费体验；

◆创新经营模式；

◆得到某个群体的认同；

◆让用户感动的细节之美；

◆从关注价格、规模转向关注消费者、品质和独特性。

一、引爆小品类市场，引领细分领域

小而美的实体店，更容易引爆小品类市场。

小而美，顾名思义，指的是小而精致，规模不一定很大，渠道不一定很广，产品数量不一定很多，但都是精品，都投注了经营者所有的热情，以匠人之心追求一种极致（见图4-1）。

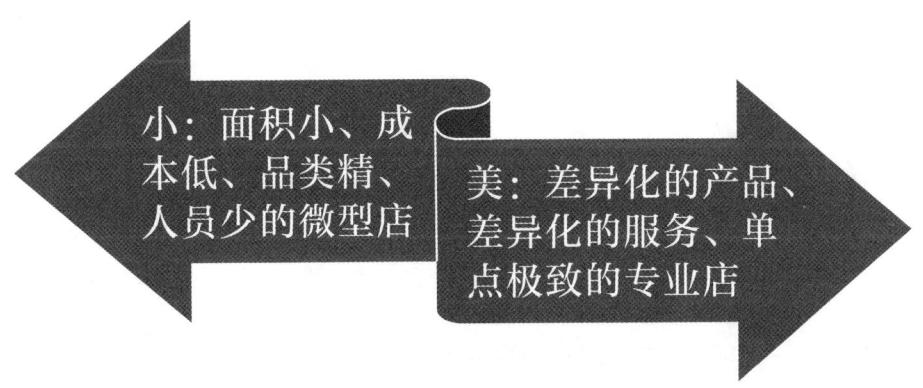

图4-1　小而美的内涵

人们看到，很多具有爆品思维的实体店经营者，正在将自己的小店打造成路边的专业店，做最专业的烘焙店、零食店、水果店、化妆品店、母婴店、咖啡馆……用专业化、精细化、差异化和便捷性来引爆小品类细分市场，更好地迎合了新的消费需求，从而成了所在细分领域的领头羊。

小而美的实体店满足以下特征（见图4-2）。

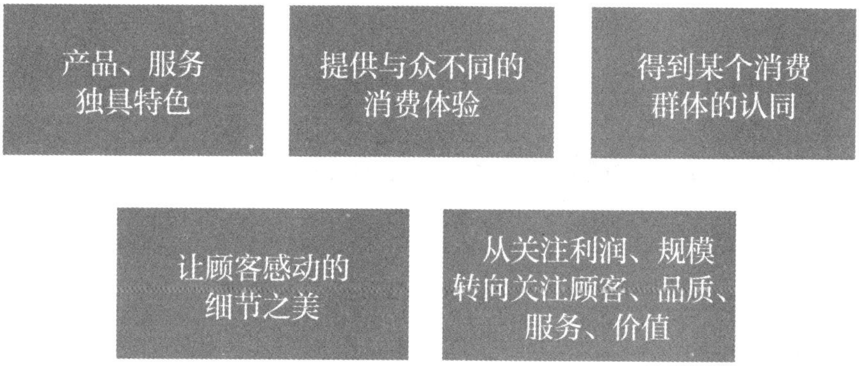

- 产品、服务独具特色
- 提供与众不同的消费体验
- 得到某个消费群体的认同
- 让顾客感动的细节之美
- 从关注利润、规模转向关注顾客、品质、服务、价值

图4-2　小而美的实体店

小而美，对应的是大而全，他们往往能在很小的细分市场内将产品和服务做到极致。从更广义的范围上看，"小而美"就是那些规模不大但有着独特价值的实体店。

举个最简单的例子，店主可能只有一家占地10平方米的蛋糕店，服务半径也许只有2千米的范围，但是店主烤出的蛋糕味道异常鲜美，顾客都对其念念不忘，每天的产品都供不应求，那么，店主的生意就是当之无愧的"小而美"。

要达到"小而美"的标准，需要具备两个条件：

第一，"小"，是指那些"功效独特"、能够轻松聚焦到某一"特定消费群体"的商品或服务。"小"并非是指商品的大小和价格的高低，只需针对特定的消费群体，而不必针对大众市场做全面推广，也因此，它们付出的营销和销售费用相对是较少的。

第二，必须是"美"的，否则"小而美"也就没有了存在的意义。"美"指的是卓越、极致的功效，相对于"小"而言，"美"讲的是一种深度，即店主对顾客及其需求理解的越深入，商品和服务也就越"美"。

根据这一标准，"小而美"就是那些功效独特、极致，具有明确细分消费群体的商品和服务。

小而美，对线下实体店转型具有重要而深远的意义。

做小、做专、做美，比做大、做强更容易，但从某种程度上讲，做到小而美，也不是一件简单的事，它需要付出一颗"追求极致的专注、常年如一日的坚守"的工匠之心，需要耐得住寂寞、经得住诱惑。

"小而美"实体店独具魅力，要实现"小而美"，通常有以下三种途径：

第一，通过技术进步，重新界定相应的产品和服务，提高用户体验，乃至改变顾客的生活方式。这一方式门槛相对较高，但一旦突破，将能为商家带来竞争对手难以望其项背的核心竞争力，并能在较长的时间内独享竞争优势，高高在上地欣赏美景。

第二，发现新需求，满足新市场。很多时候，"小而美"源自对生活的用心观察和不懈追求，其中有太多的地方值得人们深思，进而去改善，去满足，这就是商机。

第三，追求极致，精耕细作。相对于技术突破和创造市场需求，这一点是最容易下手的，但要想持久做下去，需要的则是非凡的耐力和精益求精的精神动力。比如，一家餐饮店，在口味上持续改进，形成特色，令顾客流连忘返；比如一家服务企业，永不停息地追求卓越服务，为顾客创造独特的消费体验，让顾客心驰神往。

二、小而美：更少、更准、更好

大家都有过这样的经历：

去餐厅就餐的时候，面对一本厚厚的菜单，看着动辄上百道甚至更多的菜品，顿时变得头大，会陷入一种选择性障碍。

翻来覆去看了好久，还是不知道要吃什么。

这就是消费社会中普遍存在的"选择难题"，消费者往往会因为面对种类繁多的产品和服务而无从下手。

电商将这种"选择难题"几乎无限制放大化了，因为它建立了实体商业不可获得的浩瀚产品体系，有着"无限"的可选择性。

对消费者而言，更多的选择未必是好事，反而会成为他们购物消费时的一个痛点。有时，替消费者做出最合理的筛选，给予消费者最佳选择，未尝不是一种行之有效的经营策略。

有这样一家用互联网思维打造的餐厅：

老板花了500万元人民币从香港食神戴龙那里买了一套牛腩的配方，开始做牛腩。

餐厅的筷子都是定制的，原料采用的是缅甸"鸡翅木"，顾客吃完饭，可以将筷子和同样精美的牙签放入一个纸套，带回去做纪念。

老板毫无餐饮从业经验，他每天都花大量时间盯着食客针对菜品和服务的不满声音。

开业前就已经烧掉1 000万元，餐厅搞了半年封测，其间邀请各路明星、达人、微博大号们免费试吃。

封测结束，餐馆开业，仅仅两个月时间，就实现了所在商场餐厅坪效第一名。

开业不久，这家餐厅即获得VC的6000万元投资，被估值4亿元人民币。

……

没错，这就是前文提到过的"雕爷牛腩"。

很多读者对"雕爷牛腩"已经非常熟悉了，也知道它的创办人叫孟醒，他是互联网名人，网名雕爷。但是，很多人可能不知道，这不是孟醒的第一次成功，他还是淘宝知名精油品牌"阿芙精油"的创始人，该精油在淘宝上有60%的市场占有率。孟醒的创业总是不囿于传统，充满了互联网气息，而且能够准确抓住顾客的痛点。

比如"雕爷牛腩"，孟醒抓住了用餐客户的痛点——面对菜单时的选择性障碍，在菜品上做了减法战略。

雕爷借鉴了那些顶尖的西餐厅，比如法式餐厅、意式餐厅的做法，菜单设置上追求极简。所有主菜加上甜品才不过二三十道，主菜只有12道，每一道菜都是精挑细选、精心设置、巧妙构思、恰到好处。为了不让食客感觉腻烦，这些菜品会定期进行更新。

简洁的菜单设定，大大减少了顾客的纠结时间，使之愉快就餐。

对餐厅而言，简单的菜品供应更是锦上添花。

首先，较少的菜品，意味着较少的原材料，大大提升了原料采购和管理的效率。由于原材料"品种少量大"，也使得餐厅有了较强的议价权，能够有效降低采购成本。

其次，较少的菜品，后厨在制作时效率也会更高，更加轻车熟路，可以保持口感的稳定，快速上菜，减少顾客等餐的时间，优化用餐体验，提升用户满意度。

在移动互联网时代，追求高效率和简单化的消费者，对功能烦琐、操作复杂、选择繁多、需要动脑去思索的产品和服务，会越来越排斥。

《新约·马太福音》中提到："你们要进窄门，因为引到灭亡，那门是宽的，路是大的，进去的人也多；引到永生，那门是窄的，路是小的，找着的人也少。"

"雕爷牛腩"进入的是一道窄门，是典型的"小而美"。更小，更美，意味着更专业、更迅速、更精确、更快捷、更细致、更耐心、更贴心……也更容易满足顾客需求。

实体商家"小而美"模式的精髓在于：通过"更少、更准、更好"的精准聚焦定位来挑战"更多"。

德国阿尔迪（ALDI）是一家奉行"简单至上"的连锁折扣超市，早在2006年，阿尔迪就逼得沃尔玛彻底退出德国市场。这还不算完，阿尔迪还杀向了沃尔玛的老巢——美国，荣登美国"超市在消费者中受欢迎程度"的第一名，得票数远超过沃尔玛。

为什么在众多超市中，客户会选择阿尔迪，连沃尔玛这样的庞然大物都被打败了？

赋予阿尔迪全球竞争优势的诀窍是：低价。它的商品售价比沃尔玛低15%~25%，比一般超市低35%~40%。阿尔迪凭借"简单至上"的高效运营体系，尽一切可能降低成本、提高效率，从而实现利润最大化。

在竞争对于看来，阿尔迪的商品种类被简化到了极限，少得不能再少。通常，沃尔玛一家店里有近1.5万种货品，家乐福也有近1.2万种货品，而一家标准的阿尔迪超市只有不超过700种的商品。

销售大数据显示：阿尔迪的商品越少，反而越能降低成本，且能确保零售额的提升。

这逐渐发展成了阿尔迪的核心竞争优势：严控商品数量，每个品类的商品只提供一个品牌，确保每个商品都是"爆款"。

需要提醒读者的是，实体店想做"小而精""小而美"定位，并没有想象中的那么容易，需要"小火慢慢地炖"，实体店其实还有很多地方的火候不够，但因为具备了这样的理念，逆势中才能求发展。

丽尚手工堡"堡主"张馨月与"梵草"品牌创始人宋池都是云南手工皂行业内的先锋人物，他们经营的都是"小而美"的专卖店。

此二人对"小而美"的解读颇有深度：

第一，"小而美"门槛并不低，要做小而美，得先会审美！这是对所有细节的完善和把握能力。

第二，"小而美"，关键在"美"。张馨月说："现在很多人做的就是小，没有美。不能做出自己独特的产品特色和品牌气质，那就是不美。"而宋池则表示："我觉得做小而美的东西，人本身要有一定的美学修养。"

三、做专：越简单，越极致

未来实体店，在"做广"（跨界融合、合纵连横）的同时，还要"做专"。

所谓"做专"就是聚焦自身的定位、深耕商品、钻研服务、心无旁骛做好核心业务。

老子的《道德经》中说，"治大国，若烹小鲜"，把每一个环节都做好,都钻研透,做到极致,那么没有做不好的生意。

在北京五道口,有一家名为"枣糕王"的小店,一直是该区域的一道独特风景线,无论早晚,无论天气如何,顾客总是在它的门前排起长龙。在获悉这家10多平方米的小店即将搬迁时,竟然有200多个投资人给店主打电话,洽谈投资事宜。

店主陈立说:"虽然我的店只有10平方米,但它不是夫妻店那种模式,而是专业地做生意,商业化(运营),只是规模大小而已。"

"枣糕王"的专业表现在以下几方面。

1.极致的产品

顾客追捧的是"枣糕王"的极致口感,它们的枣糕是怎么做出来的呢?陈立说:"有人问我怎么做枣糕,我说你把大枣三个生长周期和四个组成部分弄清楚了再去做,没弄清楚就别做。材料方面,高筋面、中筋面、低筋面,富强面粉、标准面粉,还有淀粉之类,它们是怎么生产出来的?为什么要这样分,为什么不统一叫'面'?你要把条条框框全部都搞清楚,然后你就知道各种物料优点在哪、缺点在哪,该怎么去做。不怕没有方法,怕的是你不去了解掌握它,这跟做事不是光用技术一样。"

2.专业的服务

陈立的专业体现在动作娴熟、迅捷上,"枣糕王"每天要卖将近2 000份枣糕,算上间歇时间,每50~53秒售出一份,工人装袋的时间在30~33秒,时间利用率已经到了极限。

3.稳定的口感

饮食行业最忌口感不稳定,最难做到的其实也是口感的稳定一致。对此,陈立的观点是:"稳定很重要,它有自然合理的,还有人为干预合理的，人为干预合理才能做到。'稳定性'三个字。'稳定'指的是你根据不同加工，产生的问题是不一样的，每一个变化都要是有控制的。一个小吃也有它的合理性，没有合理性它怎么能够长期稳定？人们今天来吃，下个月来吃，下一年来吃还都一样。你要把你的口味做上去，口味是一个整体概念，是对你一个店、一个食品或者定位的统称。"

4.口感亲自控制，不做连锁

在电影《泰囧》中，有这样一个桥段：徐峥得知王宝强会做葱油饼，且收入颇丰时，提出应该连锁化经营，包装上市。两人围绕这个话题有一番对话：

徐峥："你把配方卖给我吧。"

王宝强："行啊，我的配方就是，必须我亲自做，不能请人，不能速冻，必须得新鲜出炉。"

徐峥："所以你一辈子只能做葱油饼，你知道吗？"

这其实并不可笑，在一些具有匠人心态的店主那里，这种坚守恰恰是他们最真实的内心写照。

"枣糕王"的陈立也是这样一个人，他说："我不做连锁，我做直营店，都是我自己控制，因为这个东西差一点火候就会不一样。我有我的追求。枣糕的动态变化是很大的，它不同季度的操作是不一样的，甚至每一天的早中晚都是在变化的，像天气热的话，变化都按小时计算。"

5.价格稳定

"枣糕王"经营枣糕六七年，仅在2011年的时候因物价上涨，将售价从8.8元上调到10元一斤，其他时间，再也没涨过价。

"枣糕王"其实并没有高深的商业逻辑，他们的成功之道，说简单很简单,只要用心和坚持,都能学得会。说难又很难,因为极少会有人能耐得住这种寂寞,下得了这种功夫。

相对于"做广"而言,"做专"才是实体店的本真所在。

甚至于,如果你能在"做专"这条路上走到极致,做到让消费者如痴如醉,那么,完全可以不去"做广"。

四、去标准化,满足个性化需求

2004年10月,时任美国《连线》杂志主编克里斯·安德森,在《连线》杂志上发表名为"长尾(long tail)"的文章,迅速成了这家杂志历史上被引用最多的一篇文章,后来它有了一个更合适的名字——长尾理论(见图4-3)。

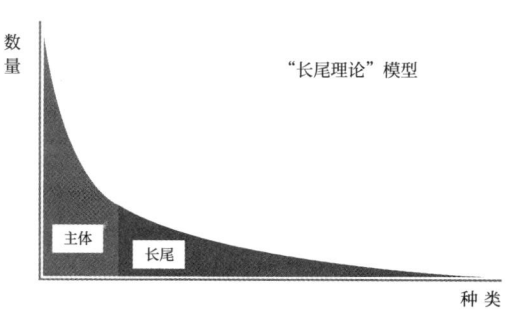

图4-3 长尾理论模型

所谓长尾理论,简而言之,是指只要产品的存储和流通的渠道足够大,需求不旺或销量不佳的产品所共同占据的市场份额可以和那些少数热销产品所占据的市场份额相匹敌甚至更大,即众多小市场汇聚而成的市场可以同主流市场相匹敌。也就是说,企业的销售量不在于传统需求曲线上那个代表"畅销商品"的头部,而是那条代表"冷门商品"经常为人遗忘的长尾。

举例来说，一家大型书店通常可摆放10万本书，但亚马逊网络书店的图书销售额中，有四分之一来自排名10万以后的"冷门"书籍。这些"冷门"书籍所占的销售比例正在迅速增加。

这意味着，消费者在面对无限的选择时，需要的不仅仅是排名前列的畅销书，而且还有适应自己个性化口味的小众产品。

"长尾理论"的提出，也正顺应了目前逐渐兴起的个性化需求与消费的浪潮，能够把握住这一趋势的商家也能在不起眼的小众市场中分得一杯羹。

在《小众行为学》一书中，作者提出了一个问题——为什么主流的不再受市场喜爱？

这是由于消费市场正在发生变化，人们的消费驱使已经从模仿型排浪式到个性化多样化。个性化消费是基于用户兴趣的多样化，个性化消费行为不再由价格驱动，而是由兴趣驱动，消费者能从消费中获得参与感、认同感和满足感。

实体店经营者应该敏感地感知到消费市场的变化，多开发、提供个性化产品和服务，满足目标消费人群更高层次、更个性化的需求。

为了帮助零售业了解、跟踪消费者的无缝化需求，埃森哲为传统零售商提出了六个努力方向（见图4-4）。

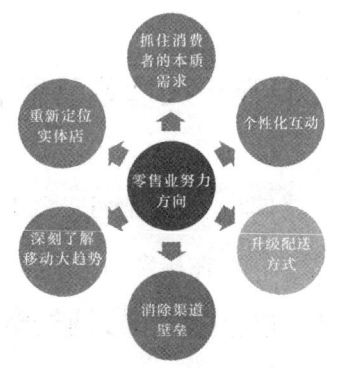

图4-4 零售业的六个努力方向

其中提到了"个性化互动",研究发现,大部分国内消费者都乐于接受个性化互动的机会,有79%的消费者表示,只要能得到想要的个性化服务,他们不介意向商家提供个人信息,更有80%的消费者表示,如果有人提供个性化的订购/配送计划,将会促进他们消费。

个性化互动具有"非标准化""定制性"的特点,满足了顾客的个性化需求,因此很受认可。

日本小野二郎为食客做寿司,不仅会考虑到当天的天气情况、店里的温度、湿度,还会考虑到米饭的细致度、粗糙度,客人的性别、年龄、偏好、当日的心情等,做出的每一份寿司都是独一无二的,保证每一份寿司都是最适合客人的。

提供非标准化产品,是满足消费者个性化需求的一个方向,除此之外,还有几种个性化的定位方式:

第一,提供非标准化产品/服务。

第二,提供小众化冷门产品。

第三,提供个性化产品/服务组合。

五、精简服务:服务的唯一尺度是让顾客舒服

凡事过犹不及,服务也是如此。过度服务,会让顾客浑身不自在。

所谓"过度服务",是指顾客在接受一些产品或服务后,产品或服务的某些特色或功能根本用不上,但这些特色或功能却增加了他们的购买成本。

就实体商业的服务而言,过度服务,多是商家出于主观臆断,错误评估

了顾客对服务的期望,或是工作人员机械地执行店里的服务规程,未根据实际场景进行灵活变通,导致顾客反而为服务所累,产生不满情绪。

英国美食评论家Barry Verber访问过上千名消费者,其中有49%的人表示最讨厌过度服务的服务员。

关于过度服务,对以服务为导向的实体店而言,就要适当去做"减法"了。

1995年的某天,小西国义在一家理发店排了很久的队,终于轮到他,可等待已久的理发并没有马上开始,店里小工给他递上一条条的热毛巾,没完没了地进行按摩,按摩的同时还在进行令人生厌的产品推销。

最后,小西国义付出了数千日元的费用,浪费了大量时间,得到了很多自己不想要的服务,而他来到理发店,其实无非是想把头发剪短一些。

传统理发店所提供的这种冗长烦琐的"殷勤"服务,让他感觉到很痛苦。

他于是想到,如果有一家理发店:位置方便、剪发只需10分钟、过程中无任何推销,收费1 000日元,会有人感兴趣吗?

带着这个问题,小西国义做了一次市场调查,认同他想法的人的数量占比竟然高达43%。

于是,QB House理发店诞生了,在这家理发店,小西国义将理发环节精简到了极致(见图4-5)。

图4-5 QB House的极简服务策略

第一，极简服务。店里只提供剪发和基本造型服务，而不提供洗发、吹发、剃须等服务。

第二，拒绝推销。不在店里推销任何美发产品。

第三，极简空间。为了充分利用空间，减少店铺面积，节约房租开支，QB house专门开发了一款剪发组合柜。柜子正面是操作台和放置剪发用具的隔断，各种物件都有自己的卡槽，整洁干净。柜子背面，则用来放置客人的衣物。每个柜子就是一个美发师的工位，再配以尺码明显小于传统理发店的椅子。

第四，自动提醒。在店面等位处，设置一组由红、黄、绿三种颜色组成的信号灯，用来提醒店内的繁忙程度和等待时间。绿色表示无需等待，黄色表示需要等候5~10分钟，红色表示需要等候15分钟以上，客人可根据自己的时间来选择是否等待。

第五，价格低廉。客单价在1 000日元左右。

第六，极度卫生。在卫生上，QB House没有追求极简，有着严格的卫生标准，给客人使用一次性围巾，所有非一次性用具包括理发师的手都要严格做到"一客一消毒"。

第七，自助付款。为了提高效率，店内没有收银员，顾客自己刷卡付费然后叫号服务，避免了收银找零的麻烦。

如今，QB House已经成为日本最成功的连锁理发店，自从1996年开设第一家店面之后，QB House在十几年间已经在日本、中国香港、中国台湾、新加坡、马来西亚等地开设了近550家分店，平均每月有超过125万客流量。创立不久，它就实现了年收入40亿日元。

大道至简，有时真正难的不是做复杂，而是做得更简单，不是做加法，而是做减法。

话说回来,对服务做减法,不是简单的一减了之,而是要从消费者的实际需求出发。总之,做减法的目的是提高消费者满意度,提高消费体验,唯一的衡量标准是要让顾客觉得舒服,不可矫枉过正,不可一刀切。

第五章
温情服务：营造有温度的实体店

《论真理》中有一句哲学名言:"人是万物的尺度,人存在时万物存在,人不存在时万物不存在。"万物唯一的标准就是"人",一切都因讨好了"人"而存在。人讨好(服务)"人"的程度,决定了人存在的价值。实体商业也是如此,必须体现对人(顾客)的服务、尊重与关注。

商业本质正在从"买卖关系"过渡到"服务关系"。实体店能意识到这一点并去积极迎接变化,则复苏的机会就到了。

一、消费主权时代，决定消费者去留的是什么

网上曾经爆出"顾客去吃火锅却惨遭店员用滚烫的热水泼身"这样的惨剧。

且不说谁对谁错，一个最简单的评判标准，顾客去餐厅就餐，本来是去享受美食的，是追求愉快的就餐体验的，结果不仅吃的不开心，身体上还受到了伤害。

这违背了服务行业的基本伦理，这样的餐厅不存在也罢。

同样是做火锅，"海底捞"是怎么做的？

"海底捞"火锅的出名是伴随着他们的"变态服务"，为什么说海底捞的服务"变态"呢？因为它周到、细致得出乎了人们预料的程度。

比如，在排队用餐的时候，顾客可以享用免费的饮料、水果、点心，甚至还可以享受免费擦皮鞋、美甲的服务；在餐桌就座后，服务员会给顾客拿来手机套，以防弄脏手机，菜可以点半份，饮料可以免费无限制续杯，就连上洗手间都会有专人服务，递洗手液、纸巾……

张勇是"海底捞"的创始人。早在1994年，还在四川拖拉机厂当电焊工的张勇，就利用业余时间，在父母的帮助下，在老家简阳县城创业做起了餐饮业。说是做餐饮，其实很简单，就是卖麻辣烫，开张时仅有四张桌子。

黄铁鹰老师在《海底捞你学不会》一书中透露了这样一个细节：

> 半年下来，一毛钱一串的麻辣烫让张勇赚了第一桶金——一万

元钱。一个年轻人捡一万元，或者父母给一万元，同卖20万串麻辣烫挣的一万元，是不同的钱。前一个一万元是洪水，会一下把小苗冲走；后一个一万元是春雨，春雨润物细无声。

卖了20万串麻辣烫的张勇悟出来两个字——服务。

张勇对服务的理解和运用确实比同行要深刻得多，后来他回忆说："我不会熬汤，不会炒料，连毛肚是什么都不知道。店址选的也不好，想要生存只有态度好！客人要什么，快一点；客人有什么不满意，多陪点笑脸。刚开的时候，不知道窍门，经常做错。为了让人家满意，送的比卖的还多。结果客人虽说我的东西不好吃，却又愿意来。"

从大量的服务实战中，张勇还悟出了一条准则——如果客人觉得吃得开心，就会夸你的味道好；如果觉得你冷淡，就会说难吃。服务会在一定程度上影响顾客的味觉！

这简直是至理名言！笔者觉得这句话每个餐饮从业者乃至服务行业的从业者，都应该背下来，牢记在心。

顾客去餐厅消费也好，去逛商场也好，去KTV唱歌也好，其实能够左右他们心情和满意度的，更主要还是人为的因素，是服务的因素，而不是物的因素，硬件的因素，产品的因素。

这一点一定要掌握好。

在互联网时代，消费者可选择的产品和服务越来越多，对产品和服务的要求也越来越高，越来越挑剔，创业者和厂商应设法去满足他们的这种更高、更挑剔的需求，而不是放松对服务的要求，挑战消费者的容忍底线。

顾客之所以流失主要是因为他们对服务的不满,这值得实体店经营者警惕(见表5-1)。

表5-1　顾客流失的原因及比率

顾客流失的原因	所占百分比
死亡	1%
搬离	3%
喜好自然改变	4%
朋友推荐选择了别的产品和服务	5%
别的产品和服务更便宜	9%
对产品不满意	10%
对服务不满意,感觉对自己冷漠	68%

在工业文明时代,消费者明明需要五颜六色的汽车,而福特公司却依然故我地只生产黑色的T型车;在计划经济时代,消费者明明有购买需求,却被各种形式的限制消费;在后工业时代,消费者同样被动,每天都被灌输大量的垃圾促销信息,被各种商家"死缠烂打",无视消费者的自主诉求。

在信息不对称时代,商家利用信息优势,无情蛮横地"绑架"了消费者的需求。

在如今的信息透明化时代,消费者拥有了充分的知情能力和自主选择权,也变得更聪明、更挑剔,他们不仅能够破解信息不对称,随意搜寻自己感兴趣的消费信息,而且还能自己制造信息,予以传播。消费市场的主导权已经从生产商、零售商、服务商转移到了消费者手中,他们强调的是"我的消费我做主"。

在消费者主权时代,无论是产品销售还是服务提供,无论零售商还是服务商都必须以消费者为核心，尊重消费者的自主意愿和权利，否则关店危机将不再是危言耸听。

在消费者主权时代店主可以做些什么呢？

第一，不要试图去"教育消费者"，消费者讨厌被说服和教育，正确的做法应当是研究顾客需求，揣摩他们的心理，设法去满足。

第二，哪里有痛点，哪里有商机。要去观察并设身处地去体会顾客的痛苦、不适、紧急、窘迫、难受，顾客的这些痛点，就是商家的机会。

第三，把产品和服务做到极致，剩下的选择权交给消费者，不要试图服务好所有人，圈好自己的目标顾客群即可。

第四，对消费者保持足够的敬畏之心。商家很难做到让每一个消费者对每一次消费都满意，但要避免由于自己的"傲慢、粗鲁、无理、过失"而得罪顾客，要绝对避免得罪正常顾客后的无动于衷。须知，在消费者主权时代，任何一个被冷落、被羞辱、被激怒的消费者都有可能借助移动互联网的力量，推波助澜，重创商家。未来，将有越来越多的商家会因为自己的"傲慢无礼"而付出惨痛代价。

第五，努力为产品和服务保鲜。当今，消费者无意识的喜新厌旧已经到了空前的程度，商家如果不革新，不与时俱进，必定要被消费者冷落，乃至遗忘。

二、实体店如何面对愈发挑剔的消费者

2012年，老罗（罗永浩）写过一篇声讨中国航空公司的长微博，他声称

自己在严格按照操作流程的情况下，又花6 000元为已经购买了经济舱机票的母亲买了一张公务舱机票，然而在登机时，却遭到了机长的意外制止和恶意对待。

有些业内人士不以为然，认为老罗缺乏基本的民航常识。也有人认为，消费者花钱消费没有义务去了解什么相关领域的专业常识。

老罗则称自己的"刺头行为"是在帮助商家进步，社会也需要他这样的刺头。如果大家都委曲求全、得过且过，放弃了应该享有的权利和更好的服务，那么只会浑浑噩噩地被动接受各种不合适的服务。

这些看法见仁见智。

不过将这个问题放到目前整个消费大环境下，人们会发现一些值得重视的迹象：消费者的消费习惯正在改变，他们不再逆来顺受，不再"听话"，而是变得更加理性，更加成熟，充满个性，他们对服务、尊重、权益的需求越来越高涨，且希望发出自己的声音，而不是对商家的一切所作所为都被动接受，他们甚至会伺机做出反击，比如老罗这样的"刺头"。

在当今日益发达的信息网络社会，所有行业的消费者都在变得"日渐挑剔"，人们会专注于自己想要购买的产品与服务，并且通过一切可能的方式变成"行家"，从而发现产品、服务的优势与不足。

无视这种趋势的商家，会受到惩罚。

面对惨淡的经营业绩，大卫·泰勒曾公开承认错误：宝洁一直将中国视为一个发展中市场，而实际上中国已成为世界上消费者最为挑剔的市场。这种错误的认知，带来的直接后果便是消费者的大量流失。

麦肯锡咨询公司在访谈了中国44个城市的上万名消费者后，得出了同样的结论——中国消费者已经不再像以前那样不加选择，买到什么是什么了。

换句话说，中国人在消费上越来越挑剔了。

国内消费者的挑剔集中表现在"对自己更好点"上，他们已经不再满足于普通的产品，转为追求那些能让生活变得更美好的高端产品、休闲娱乐产品、享受型产品（见图5-1）。

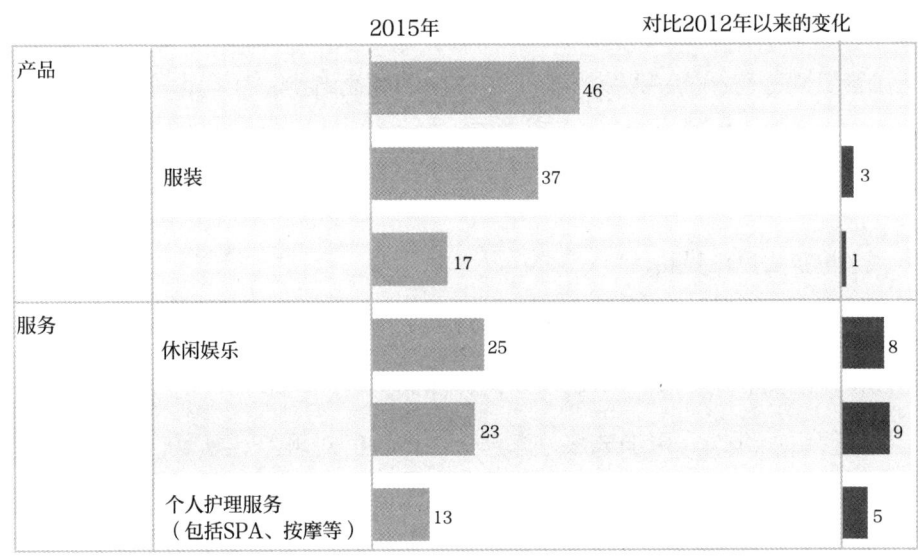

图5-1　国内消费趋势演变

顾客的挑剔只是表面现象，背后反映的本质有三点（见图5-2）。

- 顾客维权意识越来越强，对于商家任何有损其消费利益的行为，他们都不会听之任之，都会锱铢必较。

  第一，维权意识的增强

- 顾客对标准化商品、服务越来越排斥，他们希望享受量身打造的商品或服务，享受与众不同的生活和满足感。

  第二，顾客需求的个性化

- 对商品及服务的品质、细节、用心度，对消费全流程的体验要求越来越高，越来越渴望完美，容不得一丝瑕疵。

  第三，顾客对完美的追求

图5-2　顾客挑剔背后的真实诉求

挑剔的消费者带来挑战，但也带来了商机。如果商家满足了挑剔消费者的需求，其他消费者就更不在话下。

实体店经营者，应抓住挑剔需求下的增长机遇，不要陷入"价格战"或"硬碰硬"的误区，真正以消费者体验为中心，通过增值服务和超高性价比产品来为消费者创造更多价值，才能赢得无缝零售之战，实现跨越式发展。

三、学习日本超人性化的服务细节

2015年黄金周，日本成了中国游客出境游的最大目的地之一，出行人数比往年同期翻了一番。

东京机场入境口岸，排满了等待入关的中国游客。从东京机场、东京街头，以及各大商场，无不挤满了中国游客，他们的主题是"买买买"。据说日语里还专门针对中国游客的这种行为创了一个新词——爆买，有些聪明的商家还打出了"庆祝中国国庆节快乐"的中文标语。

国内有人在微博上发了一组中国游客在日本各大商场抢购的图片，且配有这样的文字："新宿已'拿下'！秋叶原已'拿下'！涩谷已'拿下'！池袋已'拿下'……11区基本已被我方人员'控制'！"

这组图文被不少网站以"中国旅游购物者全面'攻陷'日本"为标题争相转载。

普通游客的选择，具有趋利性，出去游玩图的最主要就是一个舒心，相对于国内游、香港游，为什么会有越来越多的游客选择日本游？其中固然有购物的因素在内，其实核心还在于，哪里服务好，他们就去哪里；哪里让他们舒服、让他们身心愉悦，他们就去哪里。

相对于国内不时出现的旅游区宰客事件，相对于中国香港地区对内地游客的一些不友好现象，日本的旅游环境确实有其打动游客的独到之处，尤其是他们提供的极致服务，更是击中了国内游客的核心痛点。

日本商家的服务极致到什么程度呢，具体如下：

◆日本的很多经营场所都是要脱鞋的，比如料理店、酒店，包括一些商场的试衣间。顾客脱掉鞋子之后，服务人员第一个动作就是要把鞋子整理好，顺着顾客走出的方向放置好，以方便顾客。

◆在下雨天，带伞的顾客进店后，服务人员会马上接过雨伞，将雨水擦干净，放在门口，方便顾客离开时取回。

◆在国内各种消费场所，顾客喊破嗓子，一再呼喊服务员，人家还不见得会搭理你。在日本商家，只要遇到顾客询问，不管服务人员在做什么，都要立马停下来，解答顾客的问题。

◆遇到顾客投诉，服务人员不会有任何推脱，没有任何不快，没有任何扯皮，也不管是不是他们的问题，都会代表整个团队致以诚恳的歉意。

◆在一些餐饮、旅店，营业期间服务人员禁止扫地、清洁，以防灰尘影响到顾客。在这些场所，绝对看不到国内一些餐馆中常见的清洁人员拿着拖把走来走去的情景。

……

这些看似苛刻的服务细节，在日本都是一些约定成俗的基本服务规范。

在国内的商场、书店、娱乐场所，经常会传来"谁家的孩子在服务台，请某某家长速来认领"之类的广播。但在东京迪斯尼，你却从来听不到这样的广播，不是那里没有小孩走失，而是因为他们认为播放令人焦虑的寻人广告会影响游客的心情。

东京迪斯尼面对走丢的小孩，是怎么做的呢？

工作人员会蹲下来，掏出糖果，先哄孩子停止哭闹，然后询问他们的姓名、从哪里来、在哪里跟亲人走失。如果小孩年龄小描述不清的话，他们会将孩子带进迪斯尼的托儿所，拿出一摞卡片，上面有爷爷奶奶爸爸妈妈形象的图片，让孩子辨认是跟谁来的。接着用同样的卡片，让孩子指出亲人的衣着特征。这样，一个个细节敲定之后，就很容易就能找到孩子的家长了。

而当家长忧心忡忡地赶来时，孩子可能正在开心地吃糖果，玩玩具。

这就是日本迪斯尼的服务，令人动容！

总有人抱怨经济形势不好，抱怨生意难做。事实上，相对于提供极致的产品，提供让用户尖叫的开创性产品，服务领域的商机更多。

人们可以放眼看一下四周，看看那些低劣服务，几乎随处可见，特别是在一些小地方，商家更是没有什么服务意识。

别人做不到，你能提供，这就是商机！

前几日下雨，车身很脏，笔者在路边找了个洗车行洗车，10元钱，不贵。洗得干不干净呢，一般。笔者当时问老板："为什么不洗得用心一些，干净一些呢？哪怕收费高一些。"

老板说："别提了，10元钱人家都嫌贵。"

我说："高架桥那边有一家，洗车30元，生意好得离谱。"

他说："怎么会？我看他们早晚会死掉，你不知道现在洗车竞争有多激烈，附近开了一家又一家。而且，本地人收入低，都小气得要命，哪舍得花那么多钱去洗车。"

笔者没有再继续往下说，因为店主根本就没有服务的意识，也不知道车主的痛点是什么，究竟想要什么。那家收费30元的洗车行为什么生意好，因为提供了极致的服务，他们擦车用心到什么程度？对不同的区域、部位，采用不同的毛巾，而且会把犄角旮旯都给擦得干干净净，甚至对于座位缝隙里经常有的零食碎屑，他们都会用吸尘器给吸出来。

店主有没有服务意识，有没有真正用心，顾客绝对能够感觉到。

很多时候，顾客在意的并不是价格，而是价值，是用心的服务和消费体验。

四、关注"顾客表情指数"

去商场消费时，人们都有过这样的体验：在付款后走出商场时，如果购买的商品很超值，自己很喜欢，性价比非常高，价格又在自己承受范围之内，内心通常会很激动、很期待。

相反，如果商品本身没有太多打动自己的亮点，是在犹豫不决的情况下做出的购买决定，或者是价位明显超出了自己的承受范围，那么走出商场时，人们可能会觉得有些心疼、有些烦躁、有些后悔。

对于这种现象，"名创优品"创始人叶国富发明了一个新词——顾客表情指数。

叶国富经常在旗下实体店观察顾客的购买行为，根据长期观察，他总结出这样一条结论——顾客付款之后到走出店门那几步的面部表情暗藏玄机，如果他们一边翻腾购物袋里面的商品，一边面露喜色，说明他们对这次购物比较满意，说明商家的商业模式可行，能够打动消费者；相反，如果顾客在这几步的行走中，面无表情，或面露难色，则说明他们对这次购物经历不够满意，有所怀疑。

在叶国富看来，经营实体店其实并不需要什么高深的理论，最本质之处在于能够洞察顾客心理，并设法满足他们——"商业成败的核心，就是在收银台到门口这5步距离，消费者脸上的表情，顾客挑选商品伸手的那一刻，就决定了一个企业的生死。"

顾客表情指数本质上反映的是顾客期望值的问题，如果商家能够满足甚至超出他们的心理预期，则顾客表情是欢心愉悦的；反之，如果顾客的心理预期得不到满足，表情就会是烦躁焦虑。

美国质量大师约瑟夫·朱兰在告别美国质量学会的演说中指出：20世纪是生产率的世纪，21世纪是质量的世纪，质量是和平占领市场最有效的武器。

质量管理界提出了质量管理的八大原则，其中首要原则就是"以顾客为关注焦点"，关注顾客的首要任务是满足顾客的需求或期望，这些需求或期望构成了顾客对质量的要求。

实体店提供的商品、服务质量会直接影响顾客满意度，影响顾客表情指数。

商品、服务质量与顾客满意度是一对不可分割的孪生体，都是对顾客所需要的客观产品或服务的一种"质"的度量。通常来说，商品、服务的质量越高，顾客需求被满足的程度也就越高，顾客满意度就越高。反过来说，商品、服务质量越差，顾客的满意度也会越低。由此可见，商品、服务的质量与顾客满意度呈正相关性。

但商品、服务质量和顾客满意度之间并非一直呈现简单的线性关系，这里有一个反映质量和顾客满意度关系的模型（见图5-3）。

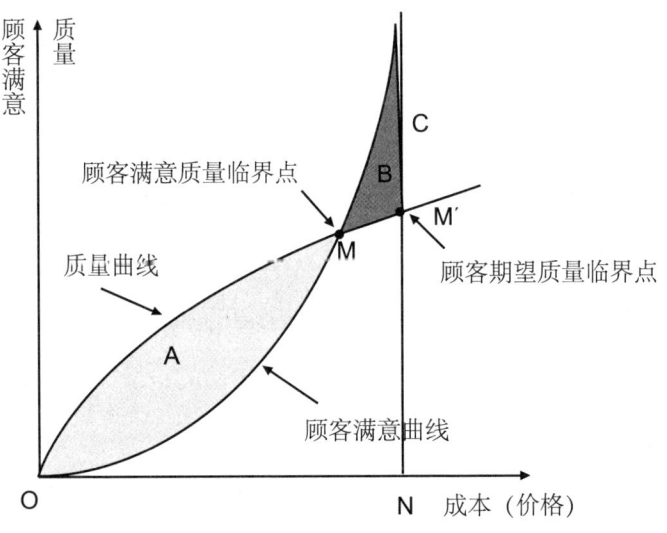

图5-3　商品、服务质量同顾客满意度的关系

这个模型，有助于实体店经营者更好地洞察出如何才能更好地使顾客更满意，如何提升顾客的表情指数。

基于顾客表情指数的期望值提升解决方案，叶国富提出了一个"四好理论"（见图5-4），"好的线下实体店往往具备产品好、价格好、环境好、服务好这4大特点，比如海底捞、外婆家，都开在黄金旺铺，装修有情调，服务到位，菜品精致，价格大众，如果一家餐厅做到一流的环境、一流的服务、一流的产品和五流的价格，门口没有不排队的。人们去外婆家吃饭，三菜一汤，四十几块钱搞定，那么好的环境、那么好的服务，过去哪儿敢想？"

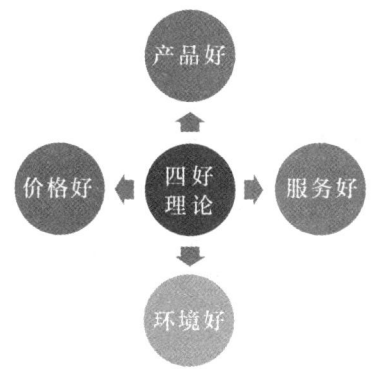

图5-4 提升顾客期望值的"四好理论"

五、读懂顾客等待心理学

日常生活中,几乎处处需要等待。

去医院需要等待,等待挂号,等待门诊,等待缴费,等待化验结果,等待取药;

去银行办理业务需要等待,需要取号,需要排队,需要长时间等候;

打车需要等候,尤其是赶上上下班高峰和雨雪天气,更是一车难求,人们越焦躁不安,车越少;

顾客去一些生意比较红火的餐饮店消费,也需要取号,需要排队,即使饥肠辘辘,也要等前面的顾客用餐完毕,才能轮到自己。

俗话说"死并不可怕,等死才可怕",等待,最让人无聊、焦躁不安、痛苦。

等待对商家是个好现象,说明其产品和服务值得期待;对消费者而言是一种煎熬,一种时间精力上的消耗。

如果无视顾客等待时的痛苦，势必会造成部分客源流失。实际上，顾客等待时间是可以被有效管理控制的，它会直接影响顾客等待时的心理和体验。

早在1955年，就有专家对排队等待心理进行实验主义研究（Empirical Research），1984年，戴维·迈斯特尔（David Maister）对排队心理做了比较全面的总结和研究，他提出了被广泛认可和采用的顾客等待心理八条原则（见图5-5）。

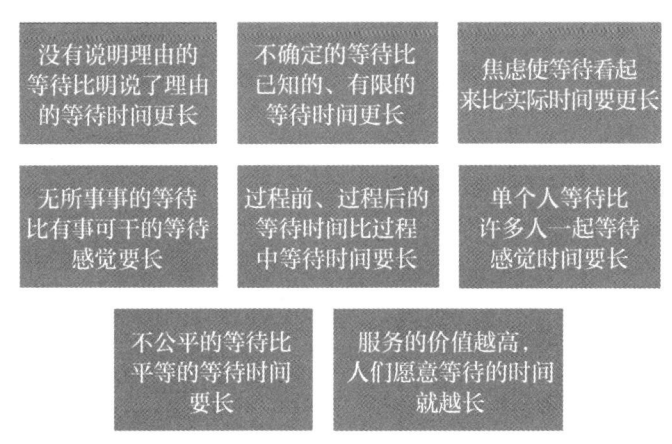

图5-5　顾客等待心理八条原则

顾客的这些等待心理，为商家提供了优化等待过程的空间。

1. 让顾客等待时间变得充实

无所事事的等待比有事可干的等待要漫长得多，通过充实、等待时间，可让顾客将注意力转移到别的活动上，等待的焦灼感就会明显降低。

商家可以在等待时间里给顾客提供一些额外服务，以充实他们的等待时间。一些生意火爆的餐厅，在节假日的用餐高峰时间，往往需要等位。商家为了避免顾客流失，大多采取拿号等候的措施。至于顾客如何等候，在哪里等候，等候时做什么，大部分商家并不是太关注。

不过，总有聪明的商家会将服务往前推进一步，让顾客的等待时间变得

充实,变得有趣,"海底捞"就是一个很好的案例。来看一个"海底捞"顾客的描述:

"一次我和朋友就慕名而去,可是一去,说要等,我们怀着一丝侥幸来到了等待区的二楼。老天!二楼走廊的两侧已经坐满了人。更有甚者,支着凳子围成一群在打扑克。店家的服务挺周到,马上摆了一盘炸虾片、一盘切好的橙子和两杯豆浆。

"我是个急性子,不过也很快找到了消磨时间的方法,看服务员发的免费的'海底捞'火锅店自办报纸,还可以玩拼图,服务员说:'拼出来店家有奖品的。'虽然等待是遥遥无期,不过有了事情做的我马上从无聊中解脱出来了,专心于那小小的拼图上了。拼了20多分钟,我竟然拼出来了,还真的得到了豆花的奖品,算是对我等待的补偿吧。

"之后我认真地观察,发现等待区规模之大花样之多,差不多颠覆了一般餐厅的概念。等待时,热心的服务人员会送上西瓜、橙子、苹果、花生、炸虾片等各式小吃,还有豆浆、柠檬水、薄荷水等饮料。

"更令人惊喜的是,女士可以享受免费修理指甲,男士可以免费享受擦皮鞋等。一位小姐在大家等待美甲的时候,不停地更换指甲颜色,反复地折腾了大概5次。一旁的其他顾客都看不下去了,为其服务的阿姨依旧耐心十足。

"排队等位成了'海底捞'的特色和招牌之一。火爆的海底捞,难忘的等待,让客人都心甘情愿地一等再等。"

去过"海底捞"的朋友应该知道这位顾客所言不虚,海底捞的种种做法,在最大程度上缓解了顾客等待时的无聊、烦躁,甚至还让这个等待过程变得有趣，增加了顾客黏性，提升了商家的口碑，顾客回头率大大增加。

2.让等待变得有序

等待中最让人不能忍受的情况是什么？是混乱，是无序，是杂乱无章。很多时候，人们并不害怕排队等待本身，怕的是有人插队，遇到这种情况，就会焦躁异常。它带给顾客的是不确定性，是不公平感。

笔者在济南生活过一段时间，住所附近有一家"百味鸡"，熟食味道不错，生意很红火，特别是临近饭点，顾客众多。

笔者去过几次，消费体验很糟糕。为什么呢？这家店面的窗口外，顾客不排队，都是一窝蜂涌到服务窗口，结果往往是，最先排到的并不是先到的顾客，而是那些嗓门大、拼命往前挤的人。

顾客永远不知道什么时候会排到自己，除非没有其他顾客了，除非遇到比自己还谦让的顾客，当然这种可能性很小。

以至于到后来，只要看到窗口外有众多人在等待，笔者宁愿不吃也不会去忍受那份煎熬，等窗口前只有一两个人的时候再去光顾。

当大家都让顾客无序等待的时候，如果店主能让排队变得有秩序——比如银行办理业务时首先要领取的序列号，然后按序号办理业务——那么这就是一种进步，对顾客而言就是一种有效的缓解等待痛苦的良方。

3.提供等待信息

不确定的等待，会让顾客觉得时间漫长。不断向顾客提供等待信息，是降低负面体验的有效措施。

比如，银行大厅的排号服务，会即时显示排号的进度，这样顾客跟自己手中的号码进行对照，就能清楚了解自己所处的位置；比如，某饮食店的外卖窗口，会及时通知食品出炉的时间、数量，让顾客心里有数。

4.提升服务效率

等候顾客较多时，商家相关工作人员要提升工作效率，缩短单人服务时间，缓解顾客排队等候之苦。否则，顾客那边等得焦灼不堪，店主的服务却依然四平八稳、不急不躁，依然按照原来的节奏进行服务，会徒增顾客的无名怒火。

六、服务的最高境界：为顾客着想

服务主导型实体店的匠心，体现在用心上——一颗设身处地为顾客着想之心。

1.站在顾客立场去推销

去逛"信誉楼"商场后，笔者拿回了一本他们的宣传册，名字叫《视客为友：案例选编》，其中一个名叫孙婷的营业员讲了这样一个故事：

一天中午，一位30多岁的男顾客来选项链。顾客不在乎多少钱，只想要一个克数大点的。根据顾客的身高，我帮顾客选了一款竹节加橄榄型50多克的项链，但是顾客为了更气派，执意想选一个克数更大一些的。我拿了一个70多克的让他对比。大克重的对于他的身材条件来说，显然过于夸张。

我就对顾客说："男士戴黄金项链，本身就代表着气派，只要合适就行，不一定越大越好。这款50多克的就很适合您。"

顾客比了比，觉得很满意，说："要是在别处，肯定说70多克的好看。还是信誉楼的服务更真诚，就给我拿这款50多克的吧！"顾客临走时连声向我感谢。

因为顾客对我的信任,我感觉很有成就感。

看了这个案例,真是让人觉得温暖,让人感动。

表面上看,这只是个别营业员的个人行为,是偶然现象,是个例。其实不然,笔者更愿意相信他们是企业文化、员工培训、价值导向、服务意识、绩效考核等多重因素综合发力的结果。

如果商家只是营业收入驱动型的,那么其员工也显然会将顾客分三六九等,对业务挑肥拣瘦。如果商家是顾客满意驱动型的,并以此来要求、考核员工的话,那员工的行为必然会往让顾客满意的方向靠拢,而不单单是为了成交,不单单是为了说服顾客多消费。

不要以为顾客比店主傻,也不要自作聪明。店主是充满关心,还是暗藏私心,顾客其实都心知肚明。

2.服务恰到好处

服务要适度,这个问题在前文中也曾简要说明过,笔者在这里再强调一下,因为在现实中,很多商家往往无法把握适度服务的要点(见图5-6)。

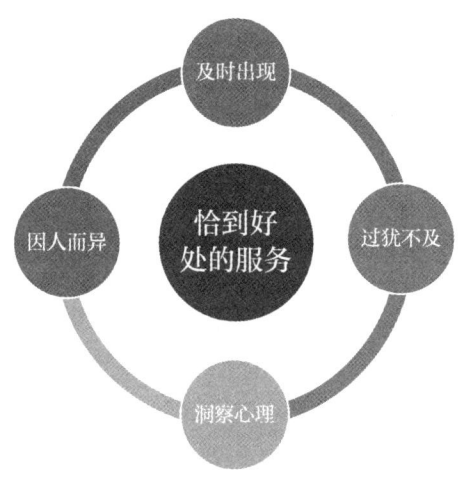

图5-6 恰到好处的服务要点

在"鼎泰轩",每个员工都要学会观察顾客的一举一动,据此猜测他们的想法,目的是做到"想在顾客之前"。比如,在"鼎泰丰"的新员工培训里,有一项"听筷子掉落"的特殊训练课程,服务员要学会根据声音辨别筷子掉落的方位,并且赶在顾客呼喊服务员之前就第一时间给客人送过去。

在"鼎泰轩"看来,这就是刚刚好的服务。所谓刚刚好,是一种恰到好处的优雅与热情,没有殷切过头,没有为了服务顾客而绞尽脑汁,有的是及时送达顾客所需、令顾客欣喜的独特体验。

3.暖心的细节服务

一次笔者去某服装专卖店,店里一个年轻的促销员一直跟随着介绍、推销,态度非常热情,有求必应。架不住她的热情,笔者就随意试穿了一款她推荐的上衣。

感觉一般,没有想买的冲动。

"衣服还可以,我再看看吧。"说完,笔者脱下衣服递给了她。

谁知这小姑娘,竟脸色突变,之前的笑容可掬瞬间被满脸的冰霜所取代,还把脸扭向一边,笔者甚至能感觉到她神态中透露出的一丝鄙夷。她嘴上虽然没说什么,但前后态度判若两人,真是个变脸高手。

笔者心里虽然有一丝不快,但还不至于跟她计较。

让笔者惊诧的是,这都什么年代了,在电商步步紧逼的时代,竟然还是这种服务态度?

在日本,顾客选购期间,售货员都会很耐心、细致地关照每次试衣,并做适当介绍,推荐颜色款式搭配,给出个人建议,如果顾客没选购到合适的款式,店员会深深鞠躬说:"非常抱歉!您在这里没有挑选到适合您的东西,欢迎下次再来。"甚至店员还会推荐区域内同品牌店铺,并会拿地址与图册给顾客参考。

这就是日本实体商业的尺度,这个尺度唯一的标准是人——通过暖心的服务细节,表达对人的尊重与关注。

同我国的服务水准相比,看似只不过是细节上的细微差异,其实是鸿沟之别。

七、实体店的情怀牌

先看一个关于中国台湾友人的真实经历:

这名台湾友人在20世纪80年代来大陆旅游,刚一到北京就被吓着了。他去商场购物,发现贴在墙上的"优秀营业员"工作标准,第一条竟然是"不打骂顾客"。好奇的他百思不得其解,售货员见其呆愣在那里,便使劲瞪了他一眼,这人只觉得一阵透心的寒意袭来,赶紧落荒而逃,很长时间都不敢再踏上这片土地。

那时,顾客如果能看到商店营业人员的展颜一笑,恐怕当场就会觉得受宠若惊。如今,服务人员微笑神态不标准,都有可能遭到顾客的投诉。

无感情、冷冰冰的商业服务是特定时代的烙印,早已一去不复返。

目前,顾客需要的是有温度的商业,有温度的服务。

新的线下商业格局应当是什么?温度应无处不在!

"人是万物的尺度",这是普罗塔戈拉最著名的哲学观点。

实体业是以人为本,应需(顾客对温情商业、温情服务的需求)而生,因为满足顾客的心理需求而被需要,才能得以持续发展。

1.构建有温度的消费环境

人们生活的这个社会已不可阻挡地进入大数据时代，每个人，包括所有顾客，都是信息的制造者和传播者。在大数据时代，顾客的需求更多，对产品更挑剔，实体店经营者应该怎么转变经营思路呢？

商家需要精准掌握用户需求信息，提供贴合用户需求的"有温度"产品和服务，提供有温度的消费环境，做电商所不能做。

红星美凯龙首创性地提出了"实体赋能互联网"的概念，红星美凯龙李斌表示："门店是我们的体验中心、服务中心，也是未来我们最精准流量的最大入口，通过实体店为线上平台多领域扩张赋能和用户积累赋能。"

李斌称："最终我们是以实体门店为核心服务用户，让体验更有温度，让服务更专业、更人性化；同时通过互联网平台和技术工具，让用户的选择更丰富，参与更便捷；线上线下一体化融合、相互赋能，建立无缝衔接的服务闭环，真正迎接品质消费时代的到来。"

线下为线上赋能需要依靠有温度的消费环境、有温度的体验（见图5-7）。

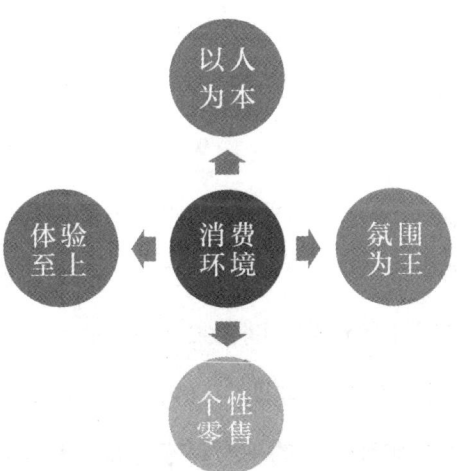

图5-7 消费环境"温度"四要素

把内心的温度外放，构建一个有温度的消费者环境，让消费者的心情更愉悦，应是实体店经营的基点，会让商品与服务更有不可替代的价值。

2.提供有温度的服务

有温度的商业，离不开有温度的硬件、有温度的消费环境，更少了人的因素，离不开人为的温情服务。

顾客服务的每个细节都值得实体店经营者"斤斤计较"，随时随地强调"人"的方便性，将人性化融入服务之中，才能让更多顾客能够看得见、摸得着，感觉得到服务的温度。

创立于1927年、业务遍及24个国家的丽思卡尔顿，是一家顶尖的国际五星级酒店，据了解，时装天后可可·香奈儿在去世前长达37年的时间内，一直以巴黎丽思卡尔顿套房为家。

这家酒店最让人津津乐道的一个特质，就是堪称惊艳的"有温度的服务"。

为了确保每个客人都能享受到有温度的服务，丽思卡尔顿全体员工，上至总经理、高管，下至一线员工，每个人都随身携带一张信条卡，卡片上有这样的描述："以客户得到真诚关怀和舒适款待为最高使命；承诺为客户提供细致入微的个人服务和齐全完善的设施；甚至还能心照不宣地满足客户内心的愿望和需求。"

一位顾客对该酒店的评价："酒店的服务舒适到极致，不论你身处酒店的任何位置，都会有很多工作人员随时响应你的需要，根本不需要等到自己开口，主动接过行李，主动送到房间，主动帮忙寄存行李，主动帮忙提取行李等。同时，酒店办理入住及退房非常高效，入住整体感觉特别满意。"

实体商业是消费者和经营者的一次美丽邂逅，温度应无处不在。充满温情的服务来源于情感（见图5-8），是消费者从进入消费环境后所碰到、摸到、看到、闻到、听到、得到所有信息经过其大脑加工处理后的综合反馈。

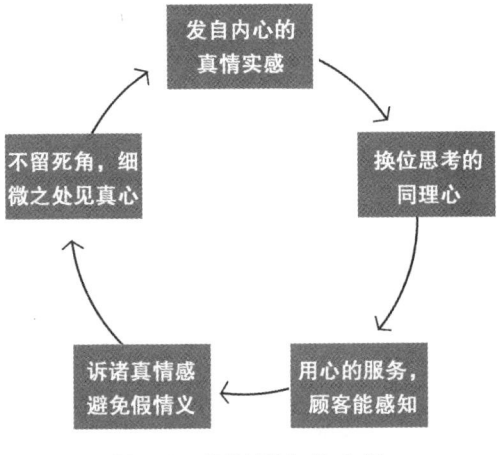

图5-8　温情服务的内涵

第六章
优化用户体验：提供尖叫与快感

体验经济是一种场景经济,它的最佳载体就是各类实体店。而爆品一定是满足用户的真正需求,能够打造极致体验,从而迅速俘获用户的口碑。

零售未来学者道格·斯蒂芬斯对"顾客体验"做了这样一个定义——顾客体验就是零售商精心地、点对点地设计和每一个用户的交互。顾客体验包括实体店经营、服务的所有环节,涵盖经营、管理、后勤服务等所有人员,涉及线上、线下等所有终端。它是一个综合的、立体的、全维度的感受与评价,是一个系统工程,顾客体验的优劣,取决于其中的"短板"而非"长板"。

一、实体店不可替代的"争鲜"性

就像前文所说的,体验经济是一种场景经济,它的最佳载体就是各类实体店。

沃顿商学院市场营销学教授、杰伊贝克零售中心(Jay H. Baker Retailing Center)主任芭芭拉·卡恩(Barbara Kahn)说:"在购买过程中能'触摸和感受'一下商品,而且能得到销售员的帮助,这两点对于许多商品类型而言都相当重要。"

譬如,顾客喜欢在店里试穿一下衣服或试戴一下项链,或者亲自掂量一下,看食品是否足量,然后再确定是否购买。这个过程,最好是有真人来做解释说明。

对于这些类型的商品,线下体验将会继续非常具有价值。卡恩说:"大量的证据证明实体店并没有要消失。"

实体店远高于电商的成交转化率和电商巨头纷纷转战线下,无不源于此。实体店的体验优势表现如下所示(见图6-1)。

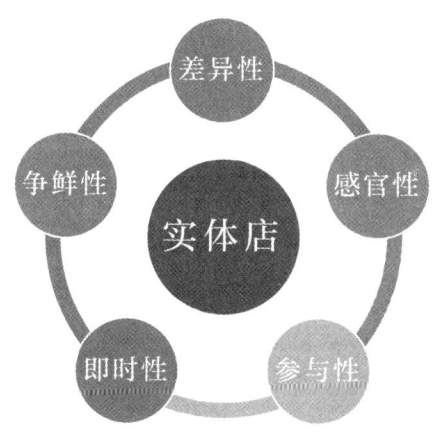

图6-1 实体店的体验优势

1. 争鲜性

实体商业以其无可取代的"创新乐趣",为人们提供新奇体验,使人们能够在购物过程中的逛、找、品、试、触、鉴、比的乐趣中,享受到实体购物的踏实与愉悦。

除去商品、服务本身的新奇体验外,如今实体商业新奇的业态、装修设计、物品陈列摆放、店员的个性化服务,甚至于店铺里传递出的细微的香氛气味、弥漫着的音乐,都能幻化成吸引顾客的强力诱因。

2. 即时性

电商消费,从下单到收货,中间有一个物流环节,消费者需要付出等待的时间成本。实体店的消费体验中,则没有这种障碍,顾客消费时能获得一种身临其境的感觉,能够当即享受到产品和服务,立即带来心理上的满足感和愉悦感。

3. 参与性

在一些线下自助式消费中,消费者可以充分参与到消费环节中,如自助餐、自助导游、自助制作(DIY)、自助调配饮料、农场果园采摘、点歌互动,等等。实际上,消费者可以参与到供给的各个环节之中。

目前,顾客体验正在由传统的功能体验、品牌影响,向体验式、参与式的方向演变,顾客希望能够充分参与到消费流程中去(见图6-2)。

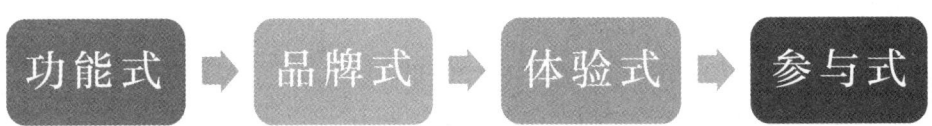

图6-2 顾客体验的演变

4.感官性

所谓"体验",最原始的解释,便是通过身体的各个器官来感知,来体验,这是最原始、最朴素的体验经济的内涵。比如,去音乐厅听音乐会,去电影院看电影;去迪斯尼乐园、游乐场、野生动物园;去健身房、骑马、滑雪、攀岩、冲浪、蹦极;玩模拟足球赛游戏机、模拟投资沙盘;去逛主题公园、工业旅游、农家游、采摘、钓鱼等都是体验;在摩天大楼顶层旋转餐厅可以边吃边看;在某百货公司一楼大厅观看模特走秀……这些实体商业中的体验,都充分调动了身体五官,强化了消费者的体验度。

5.差异性

工业经济和商品经济追求的是标准化,这不仅要求有形产品的同质性,也要求制造过程的无差异性。在服务经济、体验经济中则表现出了相反的倾向。这是因为最终消费者的情况千差万别,商家要满足不同顾客的需求,就必须提供差别化的服务。

实际上,线下消费体验,取决于商家的地段、装潢、氛围、人员、态度等综合因素,每一个消费者从不同视角去察觉,都会带来完全与众不同的体验,这也正是实体商业的魅力所在。

二、构建完美消费场景，点燃体验爆点

实体店构建的体验式营销场景，不是简单的硬件叠加，而是"硬件＋气氛＋人与人的互动"的综合系统，所有这些元素加在一起才能构成一个完整的体验场景，否则就只是一个冷冰冰的装修而已。

Hamleys玩具店是一家来自英国的百年老店，它在店铺场景化营销上，给国内的实体店上了生动的一课。

Hamleys南京店是这家英国百年老店全球单体面积最大的场景式玩具体验销售中心，在这里，每天上午，品牌形象"哈姆熊"都会从光顾的小顾客中挑选一位幸运的小朋友，作为店铺开门倒计时的摇铃师。

"Hamleys开门！"伴随稚嫩的童音，店面大门会徐徐打开，随之，一个充满魔幻风格的儿童玩具乐园就向孩子们开启了大门。

这样的开店仪式，每天都在进行，附近的小朋友们则是永不厌倦地积极参与，给商家带去了庞大的客流和强大的转化动力。

在Hamleys卖场内，顾客们仿佛并不是前来选购玩具，而是进入了一个大游乐场，她们可以在不同主题的玩具场景中获得不同的体验。这里的玩具，不再是像传统玩具店那样摆在货架上供顾客挑选，而是按照不同的场景进行布置、排列，每一款玩具都被尽可能地做动态化展示，场景周边则搭建有玩具展示台和游戏台。

在Hamleys，孩子们尽情地玩耍，尽情地体验，而不只是简单地消费。射击、遥控车、AR体验等20多个娱乐场景，几乎覆盖了不同年龄段的所有孩子，犹如一个小型的儿童乐园。

Hamleys不仅擅长场景和气氛的烘托，还注重同顾客的紧密互动，会针

对顾客需求，比如孩子的性格、喜好等，提供特有的主题派对定制服务。

在店面场景体验上的用心投入，能在多大程度上获得回报呢？据Hamleys南京体验店经理刘佳表示："我们的销售数据显示，不做示范和体验的自营商品跟做示范和体验的自营商品之间的销售差距是100倍！而这几年，Hamleys更是发现，通过给予顾客体验带来的销售在总销售额占比逐年在增加。"

可见，"场景化"体验不论是从理念上，还是实际经营效果上，都在逐渐颠覆、取代传统零售卖场，在倒逼线下实体店向体验型商业转型。

在这种趋势下，人们看到某些线下商家，为了增强顾客体验，正在尝试进行各种各样的场景变革，比如，在某商场的有机市集，消费者可以现场体验传统石磨磨豆浆的乐趣，可以学习日式寿司的制作方式；比如，某家装潢风格古色古香的前卫书店，顾客除了可以看书买书外，还可以欣赏舒缓的音乐，可以听各种演讲……

客观地讲，本土商家的场景化营销还有很长的一条路要走，并不只是让消费者在店里听段音乐、磨个豆浆那么简单。要真正致力于从"硬件＋气氛＋人与人的互动"等层面上进行全方位精进。

1.硬件配置

硬件配置、设计，是体验式场景打造的基础性工作。要从顾客需求、喜好的角度，而不仅仅是从商家、销售的角度去配置营销场景，是商家体验营销工作思路转变的重中之重。

2.气氛烘托

仅仅具备良好的硬件配置，还远远不够，如果不能有效烘托出让顾客流连忘返的店面氛围，同样难以留住顾客，会给人一种"无感情、冷冰冰"的感觉，会让顾客敬而远之。比如，在竞争激烈的线下家居行业，宜家的质量不一定是最好，价格也不一定最低，但它却将场景化营销做到了极致。宜家卖场通过对生活空间、创意设计、产品故事的巧妙运用，营造了一种独特的销售氛围，对顾客有着强烈的吸引力。

3.人与人的互动

相对硬件配置和气氛烘托，人与人的互动是更高层面的场景营造元素。在互动营销中，互动的双方一方是消费者，另一方是商家。只有抓住共同利益点，找到巧妙的沟通时机和方法才能将双方紧密地结合起来。互动营销尤其强调的是，双方都要采取一种共同的行为。

三、满足顾客不断变化的新需求

7-ELEVEn之父铃木敏文说，一切都要站在顾客的角度去思考，这才是做生意的根本原则。无论企业的规模有多大，店铺数量有多少，经营者都要对每一家店铺的生意，每一种产品的详细动态了如指掌，都要认真对待每一位顾客。

买方市场时代，一切都要以顾客之便为先，即使卖方觉得很麻烦，也必须首先满足顾客的需求。

目前，实体商业最大的竞争对手并非同行，也不是线上的电商，而是不断变化的顾客需求。通过降价来吸引眼球的促销方式可能会快速提高销售额，但它并非长久之计，也非良性发展之策。根本的解决之道是，实体店经营者必须紧紧抓住并深度挖掘顾客本质性的需求，以及这种需求的变化趋势。

坚持消费导向，从顾客的需求出发已成行业共识，顾客的超预期体验无不是建立在新需求被满足基础之上的。

但顾客的需求是什么？怎么发现、跟踪、把握顾客不断变化的新需求？显然，发现是满足需求的前提，这一点或成为实体店的核心能力。

1. 通过数据分析提炼顾客需求

实体店可通过 WiFi、室内定位、Lbs 技术以及 ERP、CRM 系统等技术手段抓取大数据，并通过计算、分析顾客的进店频率、逗留时间、喜爱的品牌、业态、消费金额、消费偏好等数据，为尽可能多的顾客打上"数字化标签"，从中发现顾客需求。

这是商家发现顾客需求的有效手段，但也有一定的局限性，适合规模大、集团化运作、实力强的线下商业机构，不太适合中小实体店、个体商户。

2. 通过顾客交流总结需求

对于店里的顾客，尤其是回头客、VIP 会员等，应在日常接触中给予更多的关注，在日常沟通聊天中要积极去获取顾客的各种信息，如通过问卷调查获得的信息可能更丰富也更真实有效。

据了解，伊藤洋华堂商场，甚至会掌握一些重点顾客家里冰箱里有些什么菜、能吃多长时间、平时喜欢吃什么品牌的米、什么时候需要买米等信息，这是长期关注顾客、收集数据的结果，也是用心经营的体验。

如果实体店经营者能够亲自努力搜集顾客心理，并发动一线店员去重视顾客信息的收集，那么，就不难获得包括顾客姓名、年龄、职业、职务、住址、喜好、家庭人口、收入状况甚至是口味偏好、饮食禁忌等许多信息，如果把这些信息录入系统、实时更新，就会精准抓住顾客需求，如果能很好地对这些信息加以利用，就有利于商家的信息推送、员工的连带推荐，当然也有利于实体店更好地进行精准布局、精准调整、精准营销、精准服务。

3.通过顾客的吐槽、抱怨来识别需求

2015年6月，国内一家名为"同程旅游"的公司推出一则招募"首席吐槽官"的活动，吸引了社会的广泛关注，该活动的口号为：动动嘴皮子，找找吐槽点，提提小建议，出去旅旅游，就能轻松赚百万。

消息一出，很多热爱旅行的社会人士，包括一些应届大学生对这个前所未有的岗位都跃跃欲试。

对这一活动，同程旅游创始人、CEO吴志祥有自己的盘算，在他看来，"国内所有的在线旅游企业，烧钱势头无论多么猛烈，首先需要把口碑做出来"，虽然同程旅游有内部自检系统，能够从出口把握产品、服务的质量，但仅仅这些还远远不够。吴志祥说："让用户来告诉我们哪些做得不够好，哪些地方还需要改进。"

"同程旅游"首席吐槽官的海选工作为期4个月，每个月公司都会从当月20名"月度吐槽王"中选筛选出一人来担任见习"首席吐槽官"，筛选的标准有两个：一是吐槽数量最多，二是吐槽质量最高。

见习"首席吐槽官"的月薪为5万元，任期1个月，最终的"首席吐槽官"将从他们中间择优录取，获得正式任命的"首席吐槽官"的年薪为100万元，聘用期限为1年，会签订正式的劳动合同。

2015年6月份第一名被选中的见习"首席吐槽官"，网名为"李槽点点"，本名李家浩，是青岛农业大学的一名在校大学生，也是酷爱旅游的旅游达人。

"同程旅游"首席吐槽官的公开职责包括：

第一，广泛收集客户的投诉、抱怨及各种问题反馈。

第二，基于客户的反映，发现问题关键，并提出切实可行的应对措施和解决方案。

第三，深入到每一条问题旅游线路，亲自上路，体验旅行途中的优点和不足，包括风光好不好，活动精不精彩，导游贴不贴心，酒店好不好住，东西好不好吃，钱花得值不值等各种问题。以一个普通旅行者的身份，发现问题，从而更好地解决问题。

第四，带领吐槽团队，认真接收客户的反馈，查找槽点，并将最终解决方案切实有效的执行出来。

首席吐槽官的设立，是企业、商家用户思维的最佳表现，是基于对自身服务品质的高要求而设立的一个特殊职能岗位，是在"千金买骂"，希望通过那些使用过企业产品、服务的客户的抱怨、找茬儿、吐苦水，鸡蛋里挑骨头，监督和督促企业发现产品设计、性价比上的不足，发觉客户服务、用户体验上的痛点，进而予以全方位提升，给用户带去更佳的消费体验。

互联网公司"同程旅游"发掘用户痛点、发现用户新需求的办法，值得线下实体商家借鉴。

四、体验营销的最高境界是传递情感

体验营销，旨在借助看（See）、听（Hear）、用（Use）、参与（Participate）等方式，充分刺激和调动消费者的感官（Sense）、情感（Feel）、思考（Think）、行动（Act）、联想（Relate）等感性因素和理性因素，重新定义和设计消费者脑海中的思考方式，最终让消费者实现品牌认同的营销方式。

在当下的市场环境中，线下商家的产品和服务差异越来越小，有必要通过体验式的营销手段，让消费者积极参与，感受到利益和诱惑所在。如果单纯让消费者去体验产品和服务的好处，只是停留在消费者感官层面的互动，那么只能说做得一般。优秀的实体商家要能够给消费者带来情感层面的深刻印象，因为只有情感传递才能历久弥新，才能让消费者产生感同身受的体验。

情感体验，就是用感性手段带动顾客心理上的体验活动，是个体受其周围客观环境的影响所产生的一种神奇的主观感觉体验，它可以是积极的，也可以是消极的。情感体验营销，目的是对顾客产生积极的影响，使其产生积极的感官体验。

因为消费者购买商品、享受服务，在很多情况下是为了追求一种情感上的满足，当某种商品、服务能够满足消费者的某些心理需要或充分表现其自我形象时，它在消费者心目中的价值可能远远超出商品、服务本身。

随着产品、服务同质化现象日趋严重，可替代性越来越高，功能性要求的满足已经不再是消费者最关注的了，消费者对产品、服务的需求从功能性满足上升到情感满足和个人价值的实现上，因此相对于理性诉求的营销，主张感性诉求的情感营销手段更能迎合消费者，吸引消费者。

在此背景下，情感营销应运而生，它是结合当代消费者的心理特征，由向消费者展示产品、服务的物理、功能属性，提升到迎合消费者使用产品获得的情感满足，与消费者产生情感上的共鸣。

1. 服务应充满情感

店员应将"尊重顾客，用心服务"牢记在心，并将情感服务贯穿于顾客消费活动的始末，对顾客动之以情，超越顾客的满意度，占领消费者的心理制高点，使顾客对商家及其产品产生信任、偏好甚至情感满意和忠诚，这就是服务的魅力。

第一，服务要人情化。要真正把顾客当成自己的朋友和亲人，处处为顾客着想，时时为他们提供方便，使顾客能感受到消费环境的温馨。

第二，服务细微化。服务的细微化主要表现在店员要善于察言观色，揣摩顾客心理，预测顾客需求，甚至于在顾客未提出要求之前，就能替顾客做到，使顾客在体验中得到一种精神上的享受。

第三，服务超越常规化。也就是说，为顾客提供规范外的服务，这一点最容易打动顾客的心，最容易给体验者留下美好的印象，也最容易招徕回头客。

第四，服务微笑化。发自内心的微笑是良好营销过程最基本条件，也是感情服务的主要组成部分。店员一句温馨的话、一个亲切的微笑会给体验者留下美好的印象。

2. 卖的不仅仅是商品和服务，更是情感和情怀

实体店自有实体店的优势，面对面的店客交流，更利于情感的传播，更利于情怀的流露。

"一个姿势，一句问候，一个眼神。它们看起来只是一些小小的细节，却带来幸福和感动。

小小的家居用品同样如此。实用的脚凳可以拉近家人间的距离，托盘上的早餐是何等甜蜜。

小小的举动让每一天都变得不同，而看似特殊的时刻都发生得如此自然而然。

今年的故事将围绕厨房区域展开，在这里有太多值得珍藏的美

好瞬间。从这里出发,小小的感动在家里的每个角落,静静发生着。

你能感受到,这些是生活里不可少的存在。"

这是2016宜家《家居指南》中充满人文情怀的文案,在宜家,销售的不再是简单的家居产品,而是充满情感和人文关怀的生活方式解决方案。

宜家以贩卖"生活理念"的情感式体验服务,闻名于全球。它用创意和设计营造家的感觉,让消费者在艺术情怀中一次次被感动。在这么美的店中享受一回,谁都会有购买的冲动,这些都是电商远远做不到的。

宜家在顾客眼中,是充满亲和力的,甚至是"性感"的,而这种特质,能诱发顾客感性消费的力量,极大地提升营业额。

五、感性的故事诱惑,比理性的说服更有效

纽约前市长朱利安尼,在任内致力于降低犯罪率和改善城市居民的生活品质。他只花了1年时间,就让曾经犯罪率最高的纽约中央地铁站的案发率下降了33%,他也因此被称为最具创意的市长。

他在降低犯罪率上的创意表现在何处呢?

其实,他只是让人调整了纽约中央地铁站的音乐,一天到晚不间歇地播放莫扎特的音乐。这些充斥于车站中的莫扎特的高雅音乐,彻底摧毁了地铁站原有的暧昧和混乱的犯罪气息,根据《纽约日报》报道:"那些小偷堵不住耳朵,在莫扎特的音乐中就不由自主地觉得行窃的氛围不对了;那些吸毒贩毒的也堵不住耳朵,在莫扎特的音乐中似乎也觉得浑身不自在;强悍的黑帮老大更是觉得无趣,在莫扎特的音乐中聚众斗殴,无论怎么叫喊冲杀也欢

快不起来。"

朱利安尼成功地利用人们向善的情感需求，借助音乐对公众进行劝诱，久而久之，中央地铁站的闲杂人等变得越来越少，犯罪率自然就下降了。

知名营销人叶茂中据此，得出这样一个结论："有时感性的诱惑，比理性的说服更为重要。因为理性的说服是后天的学习成果，而感性的诱惑是先天的本能。"

在当今信息泛滥的时代，受众面对的信息是无限的，但他们可以接受并消化的信息是有限的，因此，受众必然会对信息进行筛选。相对于那些直白的商业广告、赤裸裸的产品营销，他们更喜欢润物细无声式地感受产品，感受品牌。

实体店要设法在合适的场景中把合适的内容传递给目标受众，提高内容的可接受度。否则，就只会被忽视，甚至引起顾客反感。

是的，营销的最高境界是让顾客乐于接受营销推广的形式，于不知不觉间接受，商业味太浓的东西往往效果不好。如耐克在世界杯期间推出的广告，视频中，众多世界级球星同场竞技，只在片尾处，耐克的商标才一闪而过，让观众看完之后意犹未尽，这就是成功的营销。

情感营销最大的成功不在于表现手法有多强，而在于把营销做到润物细无声，在这个过程中，它必须能悄无声息地占据用户的心智，击中用户的情感痛点，让他们受到"感染"，并趋同于这种"感染"。

谷歌做过一次感性的情感劝诱故事营销。

故事的主角是一个小女孩，一名谷歌员工的女儿，她用蜡笔给谷歌公司写了一封信，希望爸爸能够在他生日当天（星期三）能获得一天假期，好为爸爸过生日（见图6-3）。

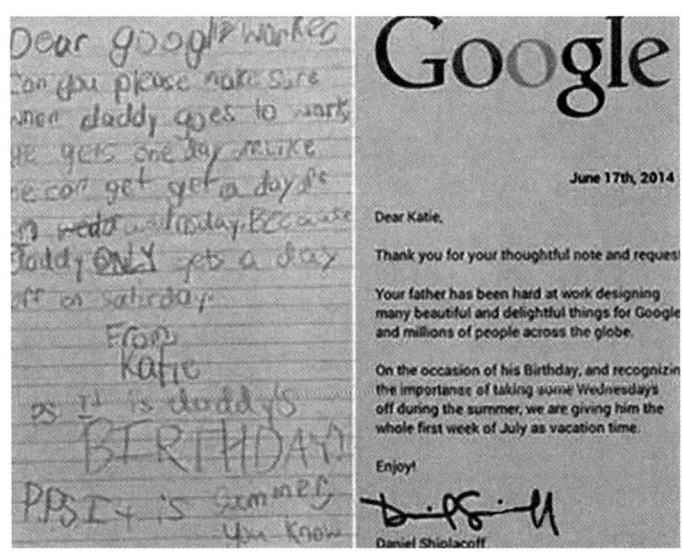

图6-3 谷歌信件截图

谷歌公司官方接到小女孩的书信后,当即给予回信,而且超额满足了小女孩的愿望,给了她爸爸一周的假期。

谷歌的温情举措,触动了广大网民,这次事件在谷歌的搜索记录高达7 500万条。

从一定程度上讲,故事对于实体店情感影响的重要性,就如同煽情对于选秀的作用一样,若没有点"故事"煽情,人们都不好意思上选秀节目。

重庆餐饮品牌"诸葛烤鱼",在国内外拥有上千家连锁店,它直接借势历史名菜"诸葛烤鱼"而创建,且非常乐于向顾客传播关于"诸葛烤鱼"的历史故事:

据传三国时期,隐居在琅琊县的诸葛亮,最喜欢吃的就是烤鱼,这种烤鱼的用料和做法不同于普通烤鱼,烤鱼是诸葛亮家宴的保留菜品,他常邀请亲朋好友过来品尝美味的烤鱼。

后来,诸葛亮走出隆中,辅佐刘备打天下,离开的时候还专门带着善于烹制烤鱼的厨师。

刘备称帝后，诸葛亮又将烤鱼传入宫中，刘备、关羽等人也都非常喜欢，烤鱼由此成了皇家御宴上一道不可缺少的美食。

诸葛亮去世后，为了纪念他，后人就将这种烤鱼改名为"诸葛烤鱼"。

实体店故事营销，无论是为了制造一种噱头，还是营造某种情感，都无一例外地在表达一种产品主义理念：为店铺、产品、服务增添故事的趣味和文化。

一般来说，实体店故事营销的切入点主要有：

1.产品故事

即从店铺经营产品的历史起源中挖掘故事，比如"诸葛烤鱼"、云南过桥米线等，这类故事通常能体现店铺深层次的文化渊源。

2.创业经历

从创始人的创业经历来挖掘故事，比如"雕爷牛腩"创始人的创业经历，赋予其互联网餐饮的典型标签，让餐饮品牌的知名度随创业者一起扶摇直上。

3.企业文化

可以从企业内部管理、经营理念、人力管理等方面去挖掘细节性故事，类似海底捞的"变态服务"与"善待员工"等。

4.名人效应

可从店铺的特殊顾客群入手，借助名人、政要、网红的影响力，来提升店铺的品牌附加值，类似"雕爷牛腩"食神秘方、孟非的小面等。

六、打造让顾客流连忘返的"诱因"

"好的商场一定能让顾客发出'啊'的惊叹!"

这是伊藤洋华堂中国区总代表三枝富博的观点。

然而在品牌同质化和电商的双重冲击下,实体商业要想让顾客发出单音节的"啊",甚至让顾客流连忘返,绝对不是一件简单的事。

除去商品、服务本身的新奇体验感,如今店铺氛围、店员的个性化贴心服务、读懂顾客需求等因素,都能让顾客流连忘返,而这些元素背后蕴藏着实体店铺的新机会。

1.营造独特的店铺气质

店铺气质,是由店铺装潢、店铺氛围营造出来的,通过精心设计,可以为顾客创造出一个亲切、和谐、详明、舒适的消费环境。

店铺氛围和气质的打造,要考虑"适时、适品、适所、适人"等要求(见图6-4)。

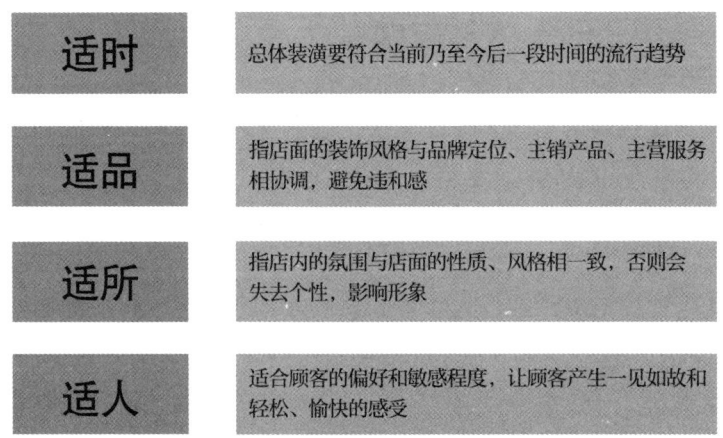

图6-4 店铺氛围营造的"四适"原则

2.读懂顾客需求

伊藤洋华堂刚刚入驻成都时,为了解中国消费者的需求,三枝富博和下属专门去市民家里看过他们的冰箱和柜子,甚至下手去翻看他们的垃圾。开店后,伊藤洋华堂有了更直接的方式,他们会直接询问消费者的不满之处,收集顾客之声,根据他们对停车场、商品、服务的反应迅速做出调整,改善顾客体验。

一名华堂员工这样说:"很多顾客也说不清到底喜欢伊藤哪里?反正就是喜欢"。其实,顾客喜欢的是伊藤洋华堂真的"懂"他们。

伊藤洋华堂为了满足顾客的个性化需求,对顾客的消费类型进行了划分(见图6-5)。

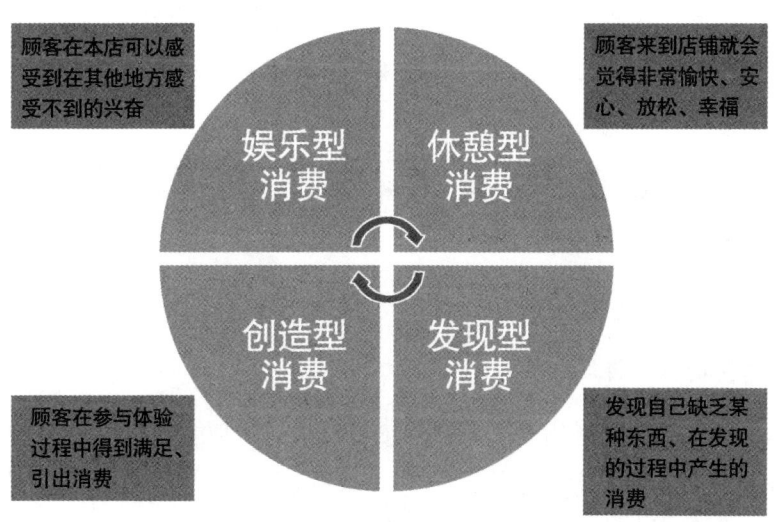

图6-5 顾客消费的四种类型

当然,所处行业不同,顾客的需求也不同。

比如,有一家餐饮店,是这样解读顾客的:"顾客是我们的'衣食父母',是我们的财神。餐饮业的顾客往往具有某些领导的特征,喜欢使唤别人,从一定意义上讲,顾客到餐厅就餐,其实是来过'领导瘾'的。因此,在餐饮服务中,我们必须像对待领导一样对待顾客。"

只要用心,就一定能读懂顾客。

3.给顾客创造惊喜

培训专家余世维讲过这样一个案例:

顾客于先生,去泰国出差,入住了东方饭店,饭店的贴心服务给他留下了深刻印象。当他第二次入住时,饭店在服务上的几个细节更让他流连忘返。

当他走出房门准备去餐厅的时候,服务生恭敬地问道:"于先生,是要用早餐吗?"

于先生很奇怪:"你怎么知道我的姓?"

服务生说:"我们饭店有规定,晚上要背熟所有客人的姓名。"

于先生很惊讶,心情舒畅地来到餐厅,餐厅迎宾服务生立马说:"于先生,里面请。"

看到于先生疑惑的样子,服务生解释说:"客房服务员打电话说您已经下楼了。"

他走进餐厅,服务小姐微笑着问:"于先生还要老位置吗?"

于先生的惊讶再度升级。

服务小姐说:"我刚查过电脑记录,您在去年的6月8日在靠近第二个窗口的位子上用过早餐。"

于先生听了很兴奋,"老位置!老位置!"

小姐接着问:"老菜单?一个三明治,一杯咖啡,一个鸡蛋?"

于先生兴奋到了极点:"老菜单!就要老菜单!"

后来由于工作繁忙,于先生没再去过东方饭店。三年后,他生日的时候突然收到了一封来自东方饭店的贺卡："亲爱的于先生，您已经有三年没有来我们这儿了，我们全体人员都非常想念您，希望能再次见到您。今天是您的生日，祝您生日快乐。"

于先生激动得热泪盈眶，发誓要说服所有亲友，如果去泰国一定要去住令他终生难忘的东方饭店。

能将服务做得如此用心、如此体贴入微的程度，顾客自然会流连忘返，也会主动将商家的良好口碑传播出去。

4.同顾客的喜好、情感结合起来

如果实体店经营者，将店铺的经营元素和顾客的爱好巧妙地结合起来，比如提供让顾客喜欢的图书、音乐、手工等，让顾客陶醉其中，难以自拔，自然能够让顾客喜欢上小店，流连忘返。

同样的连接，还有情感，如果店铺提供的产品和服务在顾客的情感经历中留下印记，那么显然会给他们的人生经历留下浓重的一笔，会给他们留下最美的回忆和深深的好感。比如，顾客和初恋情人的第一次购物、第一次观影、第一次听音乐会、第一次用餐等。

七、实体店顾客体验管理

什么是顾客体验管理？它以提高顾客整体体验为出发点，注重与顾客的每一次接触，通过协调整合售前、售中和售后等各个阶段，认真衔接各种客户接触点或接触渠道，有目的地、无缝隙地为客户传递目标信息，创造正面形象，为顾客带来正面感觉，以实现良性互动，进而创造差异化的顾客体验,实现顾客的忠诚,强化感知价值,从而增加店铺竞争力和营业收入。

通过对顾客体验加以有效把握和管理,可以提高顾客对商家的满意度和忠诚度,并最终提升店铺价值。

1.实体店提升顾客体验的"七步闭环"

实体店经营者在认同和理解顾客体验理念和文化的基础上,需实时了解店铺目前的顾客体验和顾客期望值,在日常店铺营运中,确定关键的体验节点,进行体验管理,对顾客期望值和实际体验的差距进行实时分析,制定针对性的改善措施,提升顾客体验。

顾客体验管理七步法(见图6-6)。

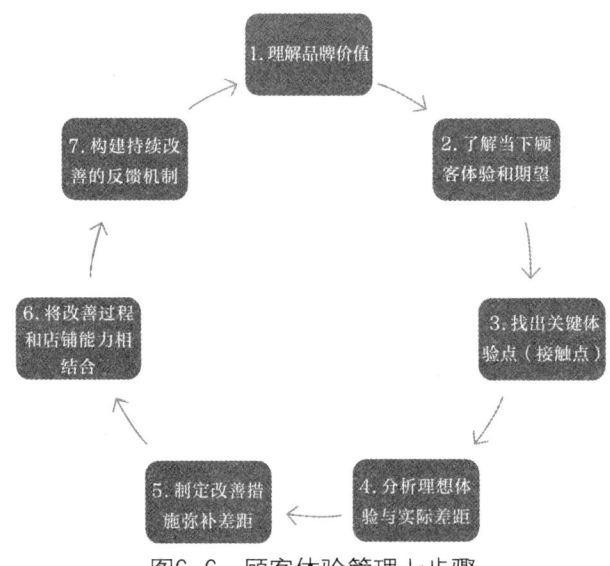

图6-6 顾客体验管理七步骤

2.提升顾客满意度

根据三角定律:顾客满意度=顾客体验-顾客期望值。

若上述结果为正数,即顾客体验超过顾客期望,顾客是满意的,这个正数数值越大,顾客满意度越高,顾客的兴奋度也就越高;反之,当差值为负数时，即顾客体验低于顾客期望，数值越大，顾客满意度也越低，顾客的不满和愤怒程度也就越高；当顾客满意度数值为0时，顾客基本满意，没有失望，也没有惊喜（见图6-7）。

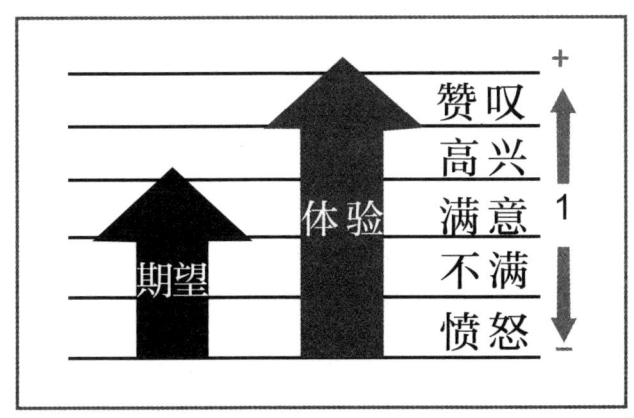

图6-7 顾客满意度的"三角定律"

基于此，提高顾客满意度无外乎三种途径：

第一，提高产品和服务质量，从而提高顾客体验值。

第二，适当降低顾客期望值，将顾客体验值控制在一个合理的范围之内。要合理宣传，不要夸大宣传、过度承诺，以免拔高顾客期望值，当其期望得不到满足时，就会转化为深深的失望。

第三，通过提升参与度，让顾客充分参与到消费过程中，来提升顾客满意度。

3.把控好顾客体验的关键时刻

诺贝尔奖得主丹尼尔·卡尼曼提出过一个"峰终定律"（Peak-End Rule）：人们对体验的记忆取决于两个因素，体验高峰（无论是正面体验的还是负面体验）时与结束时的感觉，这就是峰终定律（见图6-8）。

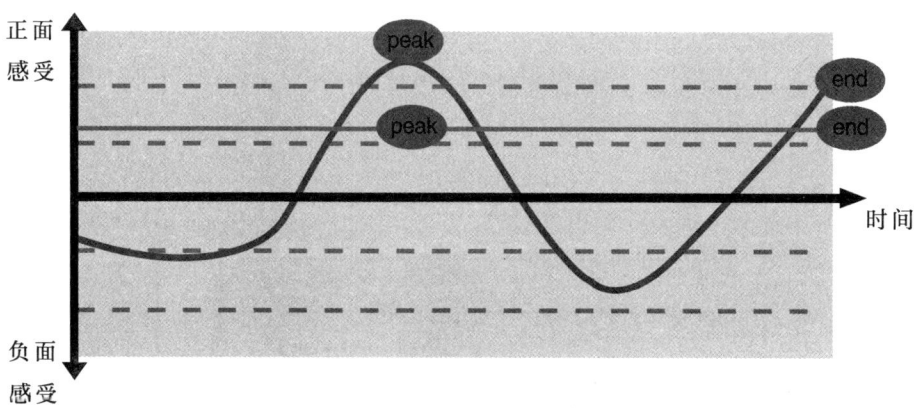

图6-8 峰终定律

该定律对于顾客体验提升的意义在于：顾客一次消费体验之后，给他们留下最深刻印象的只有"峰顶"和"谷底"时的体验，而其他消费过程中的体验，对记忆基本上没有影响。

这里所言的"峰顶"与"谷底"，其实就是顾客体验中的"关键时刻MOT"，关键的接触点，实体店经营者和从业者应把控好这些"关键时刻"和关键节点，改善顾客体验，提升顾客满意度。

第七章
产品为王：重新定义产品品质

爆品是一种极端的意志力，是一种信仰，爆品的本质是产品主义。

实体店的产品主义是什么，台湾"鼎泰丰"接班人、董事长杨纪华的解读是："只要是跟客人体验接触到的东西，我们都尽所能提供最好的，止于至善，就是这个意思。"用这种态度来打造产品、精进服务、打磨体验，店铺想不火爆都难。

一、爆破的本质是产品主义

一个女白领，月薪5000元，她甘愿贷款买一辆奔驰汽车，月供3000元，剩下2000元做生活费；一个每天挤公交和地铁上班的女孩，宁愿每天吃泡面挤公交，也要从牙缝里挤出上万元，买一个LV的包包。

这些女孩身上，当然有非理性的成分，有虚荣心在作祟。换一个角度看，这些价格昂贵的极致产品，也确实满足了顾客的虚荣心，给她们带去了难以估量的满足感。

就像德鲁克所说的："顾客购买的不是商品，而是商品所带给他们的满足感，商品只是满足的一个载体。"

极致的产品会让消费者的满足感无限放大，哪怕价值昂贵，人们仍然在所不惜，仍然会趋之若鹜。

叶剑英元帅有个小孙女名叫叶明子，是一名高级时装设计师，毕业于英国著名的圣马丁学院针织专业。

名门之后+高级设计师的头衔，让叶明子有着常人所不具备的先天优势，她也很懂得利用这种优势来打造自己的事业。叶明子在北京建外SOHO开了一家名为"Studio Regal"的定制服装店，Regal象征着"高雅、经典、独特"，生意非常火爆。

叶明子提供了让顾客膜拜的产品，她对产品的要求几乎是尽善尽美，每一名顾客都是由朋友私下介绍。她会将每一名顾客视为贵宾，接到订单后，并不急于为他们量身打造服饰，而是先花大量的时间跟顾客进行沟通，待彼此相当熟悉之后，再开始根据对方气质、习性进行服装设计。

据悉，每一块布料从选线到花色叶明子都要亲自参与，有时为了找到最合适的纽扣，她还会专门跑到香港去淘货。每个季度，叶明子设计的服装都不会超过30套，每件衣服的质量要求都近乎苛刻，精益求精，为顾客带去了无与伦比的消费体验。

"鼎泰丰"是台湾的餐饮品牌，"鼎泰丰"的小笼包，价格高昂，一屉小份的小笼包有五个，其中蟹黄的售价88元，而一份松露的售价高达168元。

"鼎泰丰"台中一家店曾在一天内接待了超过3000名食客，翻台率最高纪录是19次，对比国内生意最火爆的餐饮店，海底捞生意最好的时候能够翻台7次，"快火锅"呷哺呷哺翻台次数最多能达到8次以上。

"鼎泰丰"做的小笼包被称为"全球第一包"，被美国"纽约时报"评选为全球十大餐馆。

如今，在各种台湾旅行套餐中，"鼎泰丰"已经成了一个不可绕过的景点，就连著名影星汤姆·克鲁斯都专门跑到"鼎泰丰"学习如何制作小笼包。

原本是中国江南地区传统美食的小笼包，何以名扬天下？

最核心的秘诀是——产品过硬。

"鼎泰丰"小笼包制作过程的每一个环节，都充满了匠心（见表7-1）。

表7-1 "鼎泰丰"的产品制作标准

原料标准	面粉,一直由固定供应商提供,价格比市面上的普通面粉高出许多。
	做蛋炒饭用的米,都是经过特别挑选,是来自东北的精米,"鼎泰丰"内部还专门设置了一个职位负责挑米,一粒一粒挑拣,所有的残米都要挑出来。
	猪肉,是专门指定商户养殖的指定品种,采购的必须是活猪。这意味着,鼎泰丰还要专门配置一些屠宰、分切岗位。
	蟹粉,店内最受欢迎的蟹黄小笼包里面的蟹粉也不是现成的,而是采购阳澄湖的大闸蟹回来后,由专人负责拆出蟹黄。
温度标准	"鼎泰丰"的每样餐点都有SOP(Standard Operation Procedure,即标准化作业程序),且每个环节都规定了标准"温度",比如元盅鸡汤和酸辣汤的最佳温度是85度,才不至于烫口,肉粽则必须提高到90度,确保猪肉块熟透。
重量标准	主打产品小笼包制作标准极其严格,必须坚持"5克的皮,16克馅,18个褶,总重量要达42克,入蒸笼4分钟后才可上桌"的标准。每个包好的小笼包,重量只允许0.4克的误差,为了确保产品的标准化,包前的材料和包完的成品都要测量。

包个包子而已,有必要这么"较真"吗?

"鼎泰丰"接班人、董事长杨纪华的回答是:"只要是跟客人体验接触到的东西,我们都尽所能提供最好的,止于至善,就是这个意思。"

止于至善!

这可谓是过硬产品的最佳诠释,也是产品主导型实体店应该奉行的一种精神,爆品的本质其实就是产品主义、产品至上。

二、精进产品、提升服务

国内百年老店缺乏维护，商家缺乏工匠精神，背后反映的其实是缺乏具备工匠精神经营者和匠心意识的店员，他们的经营态度和服务态度多是诸如"大概""可能""差不多""好像是""或许吧""我也不是很清楚"……此类，多是以"混""糊弄"的心态在对待事业、对待顾客，缺乏最起码的责任心和敬业精神。

如此做派，必然会带来诸多后果，商家竞争力不足，难以为市场和客户提供有竞争力的产品和服务，长期下来，只会抱怨生意难做钱难挣。

而工匠精神提倡的是对待事业严谨、认真、一丝不苟，要耐得住寂寞，忍得住长时间的煎熬，专注于自己经营的领域，苦心钻研，精心打磨，不断完善、精进。

秋山利辉先生在27岁创办了"秋山木工"，是一家定制家具店，如今它已成长为日本最著名的家具品牌，日本宫内厅、迎宾馆、国会议事堂、知名大饭店等，都在使用他们精心制作的家具。

为了培养出理想的工匠，秋山利辉创办了一所秋山学校，学费全免，不过学制却长达八年。

学徒完成第一年的见习课程，方被录用为正式学徒，开始四年的基本训练，进行匠人必备知识的学习并做好工作规划。

四年后，极少数心性和技术俱佳者才能被认定为工匠。最后三年，他们一边以工匠的身份工作，一边继续学习。

学徒的八年寒窗，要随时接受"秋山木工"十条规则的约束和检视：

第一，不能进行完美自我介绍者不予录取。

学徒要通过不断练习，做到能够在一分钟之内将自己的姓名、出生地、毕业学校、家庭成员、毕业之后的自我期许、初衷和未来梦想介绍清楚。

第二，无论男女学徒，一律剃光头。

此举是为了让学徒下定决心，将所有精力投入到学习中。因为，决心不足的人往往难以坚持到底。

第三，同外界只可书信联络，禁用手机。

通过锻炼书写和禁止使用电子产品，来磨炼学徒意志。

第四，每年只能在八月孟兰盆节和正月假期才能见家人。

每年的学习期间内，学徒在八月孟兰盆节和正月，才能享受十天的假期。其余时间，为了避免精神出现松懈，即使父母前来探望，也不允许见面。

第五，禁止学徒接受父母给的生活费和零用钱。

学徒要意识到：只有自己辛苦赚取的薪水购买的工具，才会更珍惜。而用别人的钱财购买，则不会有任何感动。

第六，学习期间，绝对禁止谈恋爱。

学徒如被发现谈恋爱，会立即开除。这一点是为了确保学徒能够心无旁骛、不受干扰地专心学习，否则，一流匠人难成。

第七，每一天从晨跑开始。

每天早晨，所有人必须跑步十分钟，用来振作精神，培养集体意识。

第八，共同做饭，严禁挑食。

低年级学徒要动手准备饭菜，挑食的人也往往会挑工作、挑活，必须禁止。

第九，工作之前先行扫除。

学徒每天要打扫街道、打扫厂区、清扫机械、清扫车辆、清扫仓库，通过扫除来磨砺心志。

第十，每日朝会齐声高喊"匠人须知30条"。

每日高喊"匠人须知30条"，方可让一流匠人的标准，渗透到学徒的潜意识中。

秋山学校"匠人须知30条"

1.进入作业场所前，必须先学会打招呼；

2.进入作业场所前，必须先学会联络、报告、协商；

3.进入作业场所前，必须先是一个开朗的人；

4.进入作业场所前，必须成为不会让周围的人变焦躁的人；

5.进入作业场所前，必须要能够正确听懂别人说的话；

6.进入作业场所前，必须先是和蔼可亲、好相处的人；

7.进入作业场所前，必须成为有责任心的人；

8.进入作业场所前，必须成为能够好好回应的人；

9.进入作业场所前，必须成为能为他人着想的人；

10.进入作业场所前，必须成为"爱管闲事"的人；

11.进入作业场所前，必须成为执着的人；

12.进入作业场所前，必须成为有时间观念的人；

13.进入作业场所前，必须成为随时准备好工具的人；

14.进入作业场所前，必须成为很会打扫整理的人；

15.进入作业场所前，必须成为明白自身立场的人；

16.进入作业场所前，必须成为能够积极思考的人；

17.进入作业场所前，必须成为懂得感恩的人；

18.进入作业场所前，必须成为注重仪容的人；

19.进入作业场所前，必须成为乐于助人的人；

20.进入作业场所前，必须成为能够熟练使用工具的人；

21.进入作业场所前，必须成为能够做好自我介绍的人；

22.进入作业场所前，必须成为能够拥有"自豪"的人；

23.进入作业场所前，必须成为能够好好发表意见的人；

24.进入作业场所前，必须成为勤写书信的人；

25.进入作业场所前，必须成为乐意打扫厕所的人；

26.进入作业场所前，必须成为善于打电话的人；

27.进入作业场所前，必须成为吃饭速度快的人；

28.进入作业场所前，必须成为花钱谨慎的人；

29.进入作业场所前，必须成为"会打算盘"的人；

30.进入作业场所前，必须成为能够撰写简要工作报告的人。

"青灯黄卷苦读，热血挚情坚韧"，秋山学校的年轻人，通过八年持之以恒的坚持，通过八年苦行僧般的修行，方才成为了日本最好的匠人，掌握了赖以安身立命的本领。

人们看到，在小野二郎的寿司店，学徒前10年，只能周而复始摊鸡蛋，以精进技艺。

人们还看到，"西少爷"肉夹馍的团队，经过半年的研发，用掉2500千克面粉和1000千克肉料，才终于研制出"西少爷"特有的配方和流程，利用电烤箱即可完全还原出肉夹馍的香酥口感。

在这个快节奏凡事追求速成的时代，人们应时刻谨记：始终如一的坚持本心，长时间如一日的专心致志，才是店家立身之本。

三、打造爆品需要工匠精神

2016年3月5日，李克强总理在第十二届全国人大四次会议上作政府工作报告时提到："要鼓励企业开展个性化定制、柔性化生产，培育精益求精的工匠精神。"

这是"工匠精神"首次出现在政府的工作报告上。

为什么总理要如此郑重地倡导工匠精神？

答案很简单，因为目前很多中国企业和商家缺乏工匠精神。据有关数据统计，截至2012年，寿命超过200年的企业，日本有3146家，居全球首位，德国有837家，荷兰有222家，法国有196家。他们长寿的秘诀就在于秉承着更严谨的"工匠精神"治理企业。反观中国，百年企业都为数甚少。

人们还注意到，在中国电子商务持续升温的当下，日本的实体店不仅没有降温，还愈发表现出其价值感和生命力。

这种现象的背后，究竟是什么在支撑？

日本实体业给人最深的印象就是专注。一家小小的寿司店可以经营150年，甚至250年，这在日本很常见。

日本的店铺经营者以传承和精益求精为傲，在他们心目中没有做大生意和小生意的区分，他们能在持续不断的专注中获得满足感。开店，不是多多益善，而是要好到让自己满意，支撑他们的是工匠精神和匠心意识。

那么，什么是工匠精神？

工匠精神，是一种时代的精神，是一种令人肃然起敬的气质，是一种值得永远传承的文化符号，它包括五个方面（见图7-1）。

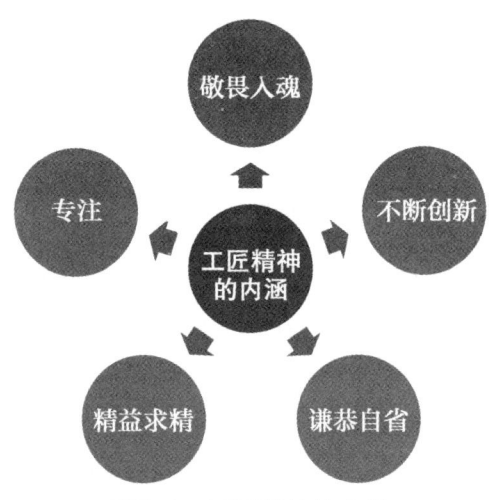

图7-1　工匠精神的内涵

1.专注

每一个工匠背后都有一个属于自己的故事，每一个故事中都有着一种相同的执着，这种执着，叫作专注。

瑞士是世界钟表之都，斯沃琪、劳力士、旺多姆等钟表品牌享誉世界。在任意一家瑞士的普通钟表作坊，人们都能发现，入眼的不是无所事事的工人，耳畔也没有机器的隆隆轰鸣，简易的作坊中，有的只是一个又一个，戴着眼镜，专心致志对钟表零件进行打磨的学徒和老师傅。

一块瑞士手工钟表，内部零件有一万多个，这一万多个零件，每一个都需要精心打磨，制作工程中，不允许一丝误差的出现，一旦出现，必须销毁。

正是凭着这份执着与专注，虽然瑞士钟表每年的产量都差强人意，但依旧"火"遍了全球。

瑞士的钟表匠，每一个都默默无闻，都和普通人一样工作，但由于态度不一样，心中有着一颗匠心，他们平凡的人生也绽放出了华彩，那一块块行销世界的瑞士钟表，本身就是他们专注的注脚。

2.精益求精

《论语·学而》有云,"《诗》云:'如切如磋,如琢如磨'。'其斯之谓与'?"

宋朝著名思想家、哲学家朱熹批注说:"言治骨角者,既切之而复磋之;治玉石者,既琢之而复磨之,治之已精,而益求其精也。"

当今世界,将精益求精精神诠释的最彻底的是日本。

在日本,匠人是一种尊称,若非在整个行业中出类拔萃的人,是没有资格得到匠人这个称呼的。

日本的匠人有许多,"寿司之神"小野二郎,"经营之圣"稻盛和夫都是其中之一。

小野做寿司,不是单纯地做,而是把寿司当成了一件艺术品在不断地雕琢,在繁简之间,追求一种极致的升华。在他的眼中,从来没有最好的寿司,只有更好的寿司。

追求精益求精,坚持并专注于自己的事业,或许短期之内并不能给人们带来最大的利益,但"风物仍需放眼量",每一个人,每一个商家,活在当下,为的都不是缅怀过去,而是让未来的"今天"过得更好。

3.谦恭自省

每一个匠人都是单纯的,因为将所有的心思都放在了对产品的雕琢上,所以,他们或许并不擅长交际,或许在其他很多方面都表现得比较木讷,但每一个工匠,却都是谦恭的。

博多人形会馆是日本一家很不起眼的人形会馆,馆主宗田就是一个纯粹的匠人。凭着精湛的技艺,他的作品曾得到过天皇的赞赏,但对此他却并不在意,反而反反复复地描述着他为许多普通民众、为宗教活动制作神像的细节和趣事。

面对竞争，有的时候人们必须当仁不让，但山外有山、人外有人，当人们为一点成就沾沾自喜的时候，世界或许已经将人们抛弃，所以，人总是要保持一份谦恭，无论做过什么，就像所有的匠人那样。

4.不断创新

坚守工匠精神，并不代表着要因循守旧，事实上，工匠精神，本身就是一种极致的创新精神。产品的每一次雕琢，每一次改变，每一次升华，都是一种创新。

日本老牌的佐料生产商龟甲万公司，近400年来，一直都在专注地做酱油，但随着时代的变迁，随着人们生活习惯、品位的改变，龟甲万酱油也在不断地进行着改变，与时俱进。

"防松螺母之父"若林克彦几十年如一日，一直都在对螺母进行研究，从1961年的初代"U螺母"，到现在占领了一多半国际市场的"Hard Lock螺母"，哈德洛克工业株式会社的螺母经历了数次更新换代，而每一次更新，都意味着防松螺母的一次蜕变与成长。

正是因为三十年如一日的不断创新，不断精益求精，专注如一，一以贯之，所以，哈德洛克防松螺母才成就了螺母界无法复制的奇迹。

5.敬畏，入魂

在匠人的眼中，产品不是死的，而是活的，是有灵气，有生命，有魂魄的。

川崎是日本一位锻刀师，在他看来，日本刀都是有魂的。所以，每次锻刀，虽然身处近乎完全封闭的锻造室，尽管身边烈焰熊熊、高温难耐，但他依旧保持着衣衫整洁，态度也异常严肃端正。在他眼中，锻造就是一种修行，锻造中不入魂、缺失敬畏之心，本就是对自己的一种亵渎。

工匠精神，是一种令人肃然起敬的气质，是一种"一丝不苟、精益求精、一以贯之"的精神，是用生命中全部的精力和心意去专注做一件事，追求完美与极致的一种坚守。

不同的态度，铸就不同的人生，用匠人的眼光看待经营，和用商人的眼光看店铺经营，看到的会是两种截然不同的风景。像个工匠一般，为了做好而努力，和像个商人一样，为了收入而做生意，其状态和人生成就自然迥异。

匠人有匠心，匠心铸匠人，工匠精神，本就应该是所有实体店经营者应该秉承的气质与器量。

四、百年泡菜店老板，为何拒绝让顾客买去送人

具有匠心的商家，对自己提供的产品、服务，乃至对顾客，从来都是充满热爱的。

因为爱得太深，爱得太炽烈，所以，他们不容任何理由与行为对这份爱有所亵渎。

这无关乎金钱，是匠人对质量的坚守和对工作的执着。

在韩国，有很多历史悠久泡菜店的老板，专心于泡菜的制作与传承，他们时刻关注着泡菜的味道与品质，使其不断延续、提升。

有一家经营历史已达百年的老泡菜店更是如此，这家泡菜店的名气很大，他们的泡菜品质独一无二，深受客人的喜欢。可是，这样一家店却有着自己独特的要求：不允许顾客买了泡菜去送人。

这是怎么回事呢？

有一天，一位老顾客进到店中，要求店主为自己包一些泡菜，非常得意地说："我要将这些泡菜带给我的朋友，三天后他就可以吃到你家百年传承的正宗泡菜了。"

没想到，老板一听客人要在三天之后才能将泡菜送到朋友手中，却断然拒绝了卖泡菜给他。客人非常不解，说："难道你家的泡菜不能送人吗？"

店主却说："不是不能送人，而是不能三天之后再送，因为在你放置泡菜的这几天时间里，泡菜势必会产生变化，这会影响到它纯正的味道，如此也就不再是我们店里的泡菜了。你的朋友吃了，只会记住我们店变质泡菜的味道。这不但会有损泡菜自身的品质，也会影响我们泡菜店的声誉。这是我们所不能容忍的，所以，我宁可不做这笔生意。"

这是一种对顾客认真负责的经营理念，也是对自己负责的匠心精神，为了追求产品品质而苛刻到去控制它的去向以及食用方法、食用时间。

商家的匠心，主要体现在三个方面（见图7-2）。

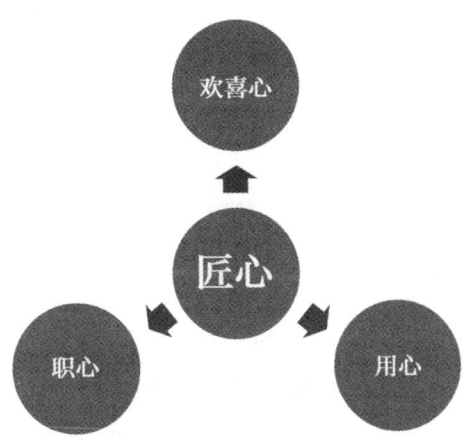

图7-2　匠心的表现

第一，职心。是对自己的态度，脚踏实地、全神贯注、心存敬畏、对产品负责，将产品、服务质量视为生命。

第二，用心。是对服务对象，即顾客的态度。时刻站在顾客的角度，替顾客着想，永远把服务对象当作"最在乎的人"，这样，才能做出最受顾客欢迎、市场认可度高的产品。

第三，欢喜心。是对产品的态度，倾注全部灵魂，用生命去热爱，才能做出真正有温度的作品。

五、打磨产品、服务，打磨自己的心和生命

在上海一条不知名的小巷里，有一家"阿大葱油饼"。

店主叫吴根成，被人称为阿大，他做了三十年葱油饼，是濒临绝迹的上海老手艺人，被誉为"中国葱油饼之神"。

"阿大葱油饼"每炉只能做20个，耗时30分钟，每天限量只做300个。无论严寒酷暑，无论外边排的队伍有多长，顾客有多么"怨声载道"，阿大始终严守时间和工序，阿大说："没法快啊，快了外面焦里面不熟，猪油没化掉，口味就两样了。"

好不容易等到一炉葱油饼出锅，排在前面的心急的顾客伸手就要去拿，每当这时，阿大都会提醒："不许拿！要放2分钟才可以。不然不脆！"

"阿大葱油饼"所在的小巷，每天都人潮涌动，有人甚至赶早班地铁、哪怕排上五个小时的队，也要一饱口福（见图7-4）。

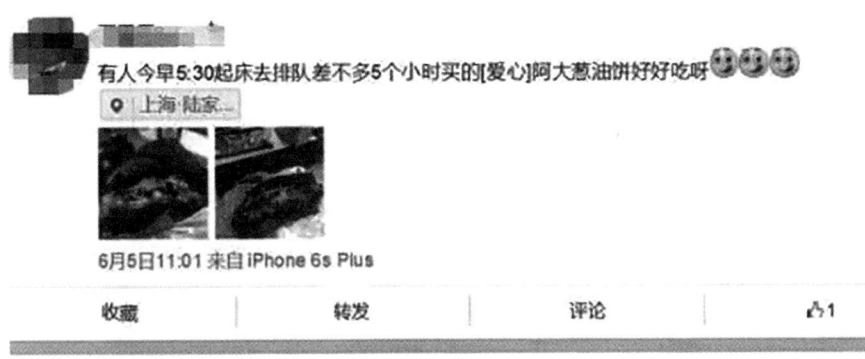

图7-4 "阿大葱油饼"的顾客点评

如今的阿大作为上海的名匠,不仅被央视报道,就连英国BBC都慕名而来,为他专门拍了一组纪录片。

三十年不断精进的手艺,是对顾客的尊重,也是对自己的负责。阿大的坚守,也为他带来了可观的回报,他在上海先后买下三套老洋房。

如今的阿大已经65岁了,整个小店只有他一人忙活,没有学徒和帮工,他不能退休,因为没人能扛下他的衣钵。

有人想出钱买他的技术,也有人出高价想搞连锁,都被阿大拒绝了。

在阿大看来,他的手艺没有什么秘密,又不是造原子弹,哪有什么秘术。

阿大说:"这东西要用心做,都好吃的。"

一个再简单不过的道理,一个再简单不过的成功之道。

很多人就是耐不下性子用心去做,一辈子都学不会。

东京有一家名叫"小笹"的小店，只有3平方米，产品就两种：羊羹和最中饼。羊羹每天限量只做150个，可年收入却高达3亿日元。

很多人早上四五点就来排队，将近50年，天天如此。

顾客为何甘愿这样排队购买，来听听食客的说法：

"吃了一口，感觉整个宇宙都要美哭了。"

"吃下一口，仿佛去深海遨游了一次！"

"羊羹里住着锦鲤，吃下，愿望仿佛就能成真。"

"美貌到舍不得吃，但是又美味到忍不住不吃。"

……

"小笹"的老板叫稻垣笃子，在他的世界观中，最好的羊羹，会在制作中的某一刻闪耀出紫色光芒，为了一睹这种紫色的光芒，稻垣笃子花了十年时间。

那一次，稻垣在制作羊羹时欣喜地看到了瞬间闪过的紫色光芒，也是那一次制作的羊羹，终得父亲（也是师傅）的认可。这期间，父亲对他的要求只有一个——就是要做出最美味的羊羹。

羊羹制作难点在于如何调和出口味如一的产品。因为，每天的气温和湿度不同，红豆（原料）的产地和质量不同，每天木炭的状态也不同。所有这些因素都会影响羊羹成型后的味道。

为了找到最佳调和之道，稻垣又探索了十年，终达"技近乎道"的境界，他对此的感悟是："一旦炼制羊羹时，就是我一个人的世界。那是谁都不能打扰的我和羊羹面对面的时候，是只能专注于这件事、心无杂念的时间。忘记工厂或店铺的事、人际关系，以及炎热，全部都要忘记，只是聆听红豆的声音，心无杂念地炼制羊羹。然后，看到紫色光芒时，我就会感受到无法言喻的爽快感。"

日本琦玉县晶平锻刀道场是日本武士刀锻造的标杆,道场的主人川崎也是一位传奇锻造师。

一次,川崎在接受采访时,用"技、艺、道"三个字,描述了自己的匠人之路:

当学徒的时候,"看山是山,看水是水",按图索骥,学习的是最基本的锻造工艺。此为"技";

出师之后,经过不断的摸索和试错,开始"看山不是山,看水不是水",在不忘师承的基础上,开创了属于自己的锻造风格和流派,进入"艺"的层面;

锻造多年,经过无数次升华和沉淀之后,则返璞归真,"看山还是山,看水还是水"。在锻造的时候,刀再也不是一件死物,而是一种生命体,仿佛被赋予了灵性,就如川崎自己说的那样"日本刀是有魂的"。

这里的魂,指的就是灵性,也就是人们所说的"艺通乎神",开始领略到"道"的境界。

古人常说:"技进乎道,艺通乎神。"

商家打磨自己的产品和服务,就是要达到这种出神入化之境界,通过长期的坚守,"用心、入神"地去对待自己的事业,去对待顾客,倾注所有情感,让每一项服务、每一件作品都是活的,充满生命,就像是被施加了魔法。

台湾"诚品书店"创始人吴清友说:"服务的最高境界是精进自己,分享他人。"

无论是经营何种实体店,都需要这样一种姿态:精进产品、精进服务、精进自己,以一颗匠心来打磨自己的事业,打磨自己的心和生命。

六、过硬的产品、服务，不可能被颠覆

褚时健打造的"褚橙"，有人称之为"互联网橙子"。

深入研究过"褚橙"案例的黄铁鹰教授却不赞同这种观点，他还拿出了数据为证：2013年，"褚橙"在网络渠道"未来生活网"卖掉的橙子只有1500吨，在线下传统水果批销渠道则销售了8500吨。事情的真相是——"互联网卖了个小头，弄了个大声音；传统渠道卖了个大头，弄了个小声音。"

在黄铁鹰看来，"现在世界是平的，二流产品在美国、在非洲是二流，在中国也是二流，互联网解决不了怎么把二流变一流的问题，这点我是认准了。"他笃定："互联网解决不了土壤问题，解决不了食品安全质量问题，解决不了马桶盖的品质问题，我们现在最挠头的很多问题都不是互联网带来的，根本不是。"

黄铁鹰还指出："两三年前我就在说，别再总拿互联网说事了。这些年做服装的老板都很难受，关店的关店，处理库存的处理库存，一片电商'狼来了'的风声鹤唳。可我跟他们说，你们不会不知道，优衣库、ZARA、H&M、GAP和无印良品，这五家店每年都在中国新增地面店，它们怎么没受电商影响？我说咱们都是做衣服的，谁也别吹牛，咱们一起到店里看看，你的面料、款式、剪裁、做工、定价、陈列，跟它一样吗？你们那把货跟它不一样，搞什么互联网也没用啊。"

互联网不能让二流变一流，很多时候人们看到一个商家做一个产品或服务，在还未做到位，没有研究透的情况下，就用互联网的营销迅速推广。那么，它死的可能会更快，传统产品服务做不好，也许还能生存三五年，但互联网会无限放大它的缺陷和不足，会加速它的死亡。

回顾一下第一章内容，互联网同蒸汽和电力一样，是企业、商家的一种生产、运营工具，当所有企业、商家都掌握了互联网这一工具，都完成了互联网转型，那么商业将会重归本质——回到对产品和服务的精进上来。

百度总裁张亚勤曾谈道："真正商业的本质并没有改变，我听说有互联网餐馆，互联网餐馆如果菜不好吃，服务不好，卫生不好，环境不好，怎么互联网思维都没有用。老潘房子建不好，设计再漂亮，再会营销还是卖不出去，最终还是质量和服务都很重要。"

经纬创投合伙人左凌烨也有一个观点：一个好的企业服务公司几乎不可能被颠覆。

对于实体店经营者而言，如果你身怀绝技，在产品或服务上有独到之处，那么，也同样不可能被颠覆，也无需去畏惧电商。

鲁西南黄牛非常有名，当地人喜欢吃烧牛肉，当地有一家"米家烧牛肉"，使用祖传方子秘制烧牛肉，牛肉也是现煮现卖，120元每千克，每天只要牛肉一出锅，店外就排起了长长的队伍，节假日和春节期间尤甚。保守估计，仅仅这一个店面，年利润至少千万元。这家烧牛肉的特色何在？最核心的只有一个——好吃。

在不远的山东莒县，有一家特色羊汤馆，当地朋友带笔者去过一次，那场面极其震撼，人们很难想象，一个草根的不能再草根的羊汤馆，一天的营业额竟高达10万元。

为什么这样火？他们的羊肉好吃、不膻。有人采访过店老板，问羊肉不膻是不是跟羊有关系。老板说，跟羊没关系，用的都是当地收购的普通小山羊，不是什么散养的羊，更不是有机羊，关键是做法。

做法！可谓一语道破天机。

一个朋友在日本，给我寄来了几块"原麦山丘"的面包，非常好吃，让人上瘾。笔者以为是她亲自做的，后来才知道这是当地的一家知名烘焙品牌。而她在工作之余，顺便往国内做这个品牌面包的跨国代购。

代购一个"原麦山丘"，加价3元，运费另计，对她而言，只是顺道而已，她每天上下班都经过"原麦山丘"，每次都是提前下单，店里烤好了过去取，然后通知顺丰快递取件，就发往国内了。

生意怎么样？大部分都是微信用户下单。每天能赚个三五百元，也相当可观了。让人吃惊的是，顾客的回头率几乎是百分之百。

笔者第一次听说竟然还有跨国代购面包的，她不以为然道："那些喜欢吃烘焙的人是不在乎价钱的，只在乎口感。"

这就是把产品做到极致的威力，哪怕远隔重洋，也阻挡不了消费者的热情。

如此极致的产品，仅仅凭借互联网思维，能学得会吗？能颠覆得了吗？

第八章
利用互联网营销手段,包围消费者

实体店的互联网营销，就是利用社会化网络、在线社区、博客、百科或者其他互联网协作平台和媒体来传播和发布店铺的商业资讯和服务咨询，来打造粉丝商圈、社群商圈。

实体店，借助各种互联网营销手段，对潜在顾客进行社交渗透，使其转化为忠诚度更高的会员及粉丝，进而可摆脱对中心物理商圈的依赖，重塑商圈，打破高房租困局。

一、跨界营销，全方位包围消费者

所谓跨界营销，就是商家利用各自品牌的特点和优势，将自身核心元素提炼出来，与合作"伙伴"的品牌核心元素进行契合，从多个侧面诠释一种更好的用户体验。

在传统工业营销时代，商家提供产品和服务来满足顾客要求，顾客也清楚自己需要什么产品；在工业营销时代，主要解决信息不对称的问题，让顾客发现商家的产品和服务，从而达成交易。

到了移动互联网营销时代，商家要从顾客需求出发，创造出能够更好地满足顾客需求的产品和服务，移动互联网时代的营销就是让顾客体验并喜欢上商家的产品和服务。

跨界营销，一切以顾客需求和体验为中心，旨在提供让顾客尖叫的消费体验过程。

1.跨界营销的基本原则

实体店实施跨界营销，需遵循以下原则（见图8-1）。

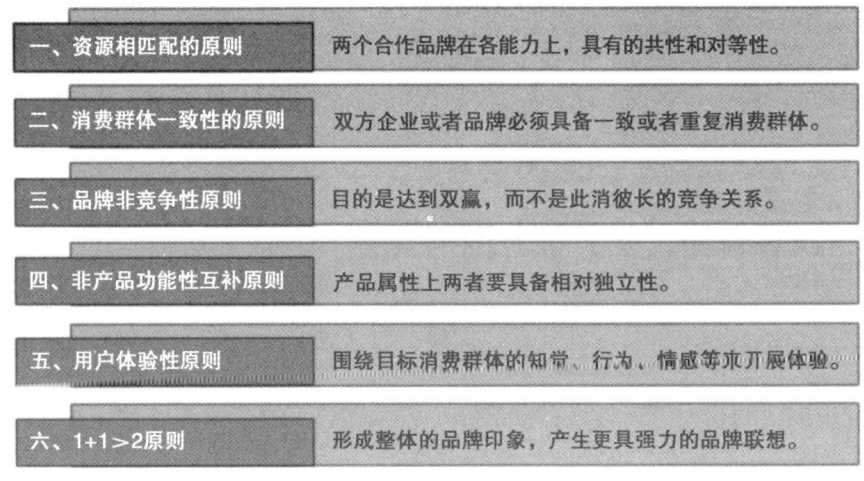

图8-1 跨界营销的六条基本原则

2.跨界营销的几种类型

根据实体店经营的具体情况,笔者来针对性地介绍几种跨界营销的形式。

第一,产品(服务)跨界。

实体店营销的基础是产品(服务),没有产品(有形产品和无形服务)的营销无异于无源之水,无本之木。实体店由于较少触及生产制造环节,其产品跨界多表现在捆绑销售上(见图8-2)。这种捆绑的前提是关联产品的目标顾客群体要具有一致性,如此,才能给顾客带来便捷,提升顾客体验。

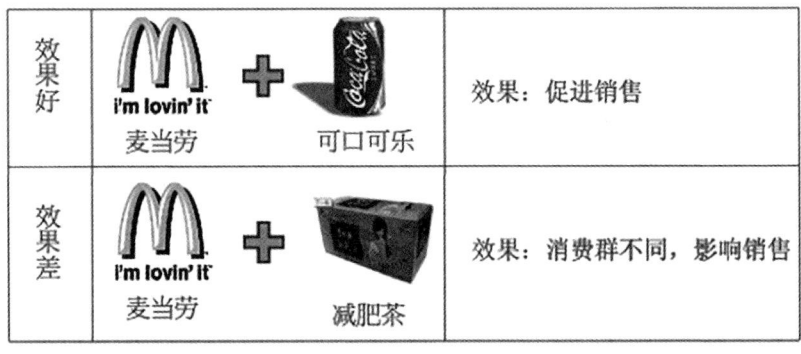

图8-2 麦当劳的产品跨界营销

图8-2中，麦当劳和可口可乐的捆绑跨界营销，效果比较好，因为他们的消费群体一致，两者合一，能够给顾客带来更丰富的消费体验。相对地，麦当劳和减肥茶则有些不搭界，因为两者的消费群体不具有密切相关性，这种产品捆绑跨界效果就不是很理想。

第二，价格跨界营销。

商家在制定价格策略的时候，可通过免费的模式吸引顾客，待顾客进入营销范围之内，再向他们销售高利润的产品、服务，这是价格跨界的典型做法。

举个例子，汽车保养店一般都会做洗车服务，单纯的洗车服务通常都是不赚钱的，最多就是微利。这就是商家的精明之处，他们做洗车服务本就不是为了赚钱，而是为了吸引客流，增加顾客黏性，增加顾客对周边高价值产品、服务的消费，这才是汽车保养店的利润大头所在。

第三，促销跨界。

当线下实体店的客流量越来越少的时候，商家想尽各种办法主动出击寻找客户资源。在这种情况下，如果能够追踪到顾客的生活习惯和消费地图，那么商家就可以去寻找顾客消费地图上的那些商家，进行联合促销。

比如，某家高级餐厅的目标顾客是高端客户，那么，高端客户的日常消费行为都有哪些呢？他们会去豪华汽车4S店做保养，去美容店做SAP，去高级会所聚会，去健身会所健身，去高端商场购物……只要整合顾客行走地图上的商家资源，就能够联合促销，快速找到顾客并且降低营销推广的费用。

二、找准移动营销工具

微营销，即借助一切微元素工具（微博、微信等）来实现营销目的。

相对传统营销，微营销有其独特优势（见图8-3），更适合线下中小型商家。

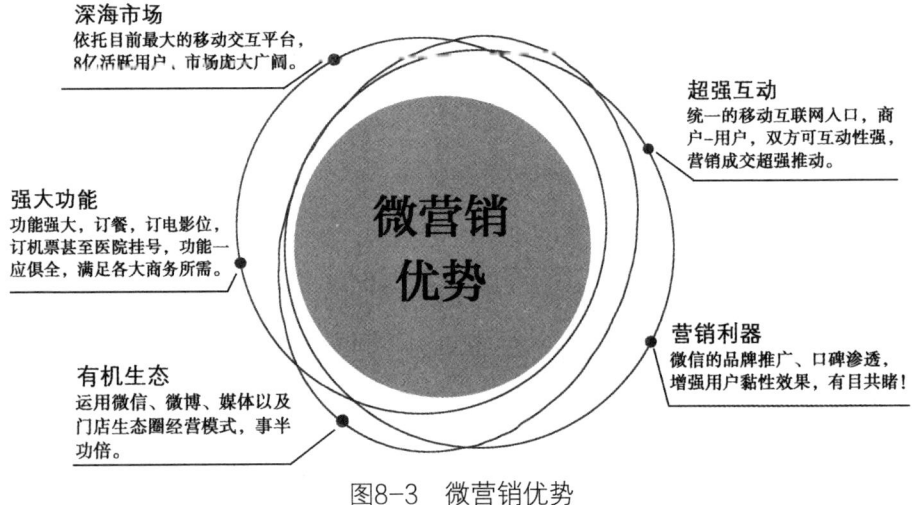

图8-3 微营销优势

1.微博营销

微博营销是指通过微博平台为商家创造价值而实施的一种营销方式，这种营销方式注重价值的传递、内容的互动、系统的布局、准确的定位，微博营销涉及的范围包括认证、有效粉丝、话题、名博、开放平台、整体运营等，具有操作简便、成本低、传播面广等优点（见图8-4）。

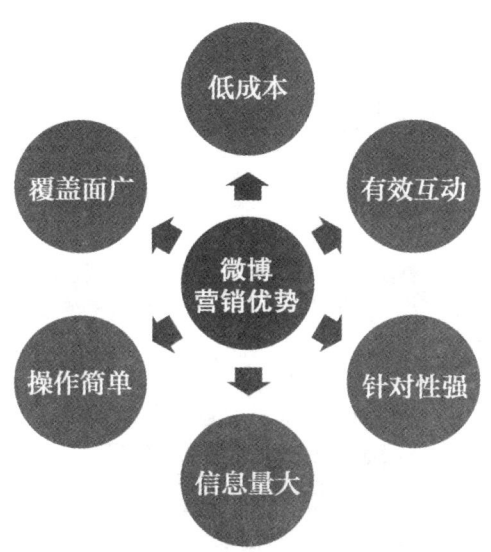

图8-4　微博营销优势

"21cake"是一家连锁蛋糕品牌,线上线下均有布局,擅长做微博营销。

曾经有顾客在微博上这样抱怨"21cake":本来要求写一个"寿"字,结果被误写成了"受"字。

这条负面的抱怨微博在短短一个小时内就被转发上千次。意识到自身的失误后,"21cake"立即联系到抱怨的顾客,予以赔偿,并在微博上公开道歉。

道歉微博引起了更广泛的围观、讨论和转发,曝光量达2亿次以上,"21cake"的姿态得到了大家的认可。

经过积极运作,原本的微博负面新闻,竟成了商家宣传展示品牌形象的一次良机。

这其中,固然有"21cake"商家的积极应对,但也离不开微博营销的积极发酵。

微博营销,尤其适用于线下各类餐饮店,通过微博,餐饮店大有可为(见图8-5)。

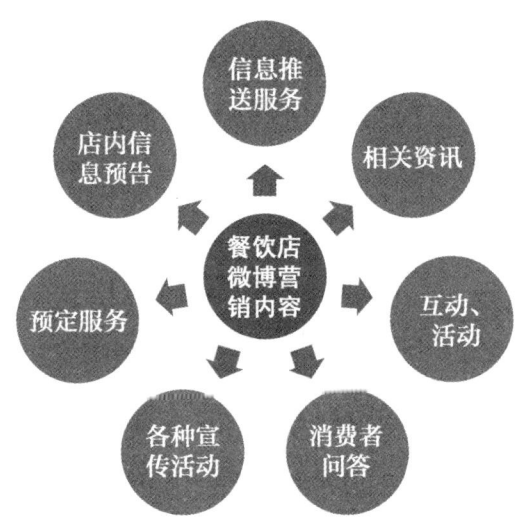

图8-5 餐饮店微博营销覆盖内容

2.微信营销

同样是微营销,微信营销与微博营销相比,受众更加精准,内容能做到"有的放矢"。微信营销的工具主要包括如下几种(见图8-6)。

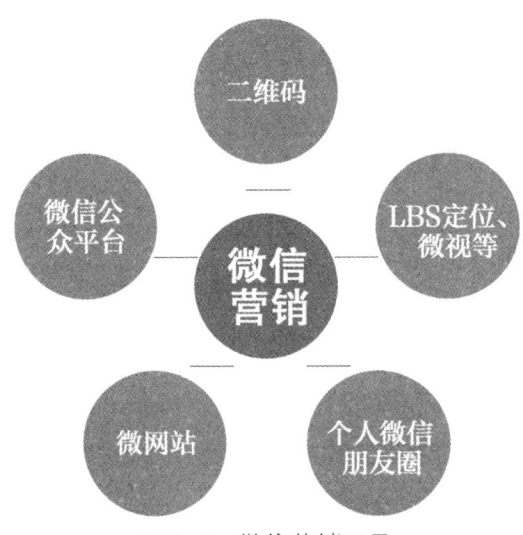

图8-6 微信营销工具

微信营销的操作手法主要有:

第一,通过二维码吸粉。

借助二维码增加粉丝是微信营销的常规手段,可在产品包装、收银台、店内设施上贴上二维码,方便顾客扫描。扫描二维码需附带一些优惠折扣信息,调动顾客扫码的积极性。

同时,商家可以在进行微博推广、QQ推广时放置二维码,增加入口,逐步积累用户。

第二,注意推送信息的质量和频率。

过于频繁的信息推送或垃圾无用信息的推送,都会引起用户反感,容易被拉黑或屏蔽。因此,推送的内容要尽量简短、实用,贴合用户群实际需求。

另外,要注意信息推送的频次,可以每天分享,但数量不宜太多。

第三,把握好信息推送时段。

从理论上讲,商家随时都可以通过微信营销工具向用户推送信息。但事实上,每个时间段的微信公众号曝光效果是有高低起伏的(见图8-7)。

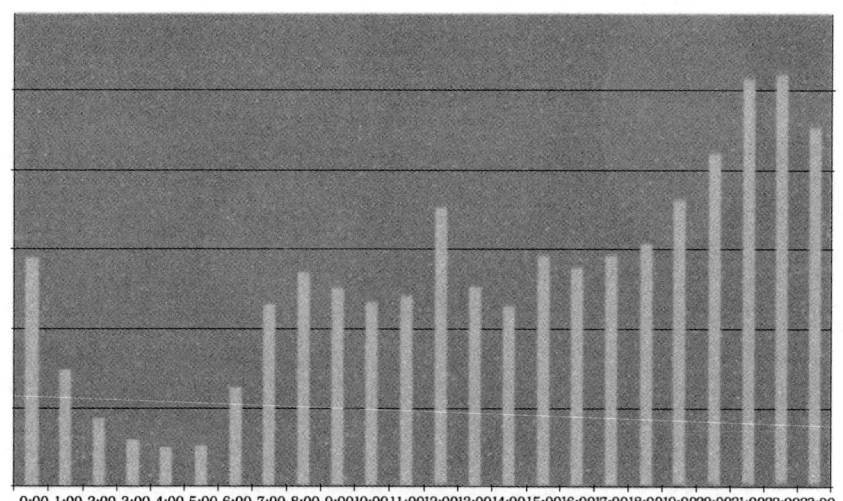

图8-7　微信公众号各时段内容阅读量

从统计图来看,就一天而言,微信公众平台的内容有四个时间点值得注意(见图8-8)。

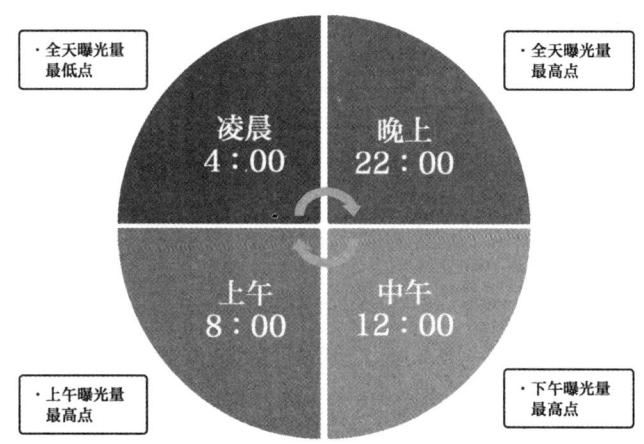

图8-8 微信公众平台信息曝光的四个关键时间点

在内容推送上,商家可以规避以上曝光量较低的时间点,选择曝光效果好的时间点,能收到事半功倍之效。

第四,提高用户黏性。

提高用户黏性不是一件简单的事,除了最基本产品的吸引力以及服务态度外,还要让用户明白,通过微信渠道消费所享有的特殊优惠或特殊礼品,还可以搞些小活动。

提高用户黏性,离不开优质的产品和服务,离不开售后追踪,及时解决顾客的问题和抱怨,改进服务措施。

实施微信营销,要避免强迫或者用奖品作引诱,去绑架、迫使用户做转发,而应让用户自愿分享信息,因为依靠口碑宣传产生日积月累的效果才更稳固。

三、抛弃入口思维，创新和顾客的接触方式

如果顾客打算前往某家实体店购买商品，但商店不在营业时间。在这种情况下，顾客会做出什么反应呢？

埃森哲咨询公司的研究数据（见图8-9）。

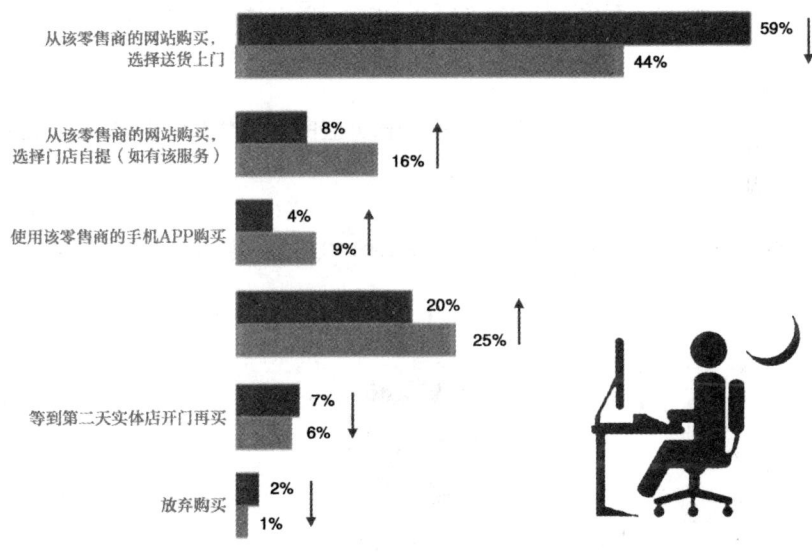

图8-9　商店有你期待的商品，但不在营业时间，你有什么期待？

从图8-9中可以看出：

◆只有6%的顾客愿意等到第二天店铺营业；

◆有69%的中国顾客期望能从该商家的网站或手机App购买，这一比例远高于43%的世界平均水准；

◆与往年相比，接受"线上购买送货上门"网上购物的消费者比例从59%下滑至44%；

◆倾向于"在手机App或网上购买后去实体店自提"的消费者比例则增

加了一倍；

◆有25%的对价格敏感的消费者会因为商家不在营业时间而放弃购买，转而在网上寻找最优价格。

这些数据的启发意义在于，互联网时代的消费者面对近乎无限的选择，变得越来越没有耐心，他们不愿意等待，希望能够即时购买，即时得到自己渴望的商品、服务。商家如果无法满足他们的这一需求，消费者就会转而寻找下一家。

实体店经营生态系统上的任一触点出现空白，或体验出现偏差，都有可能导致顾客的流失。

如今消费者被"大中小"三屏（见图8-10）所包围，面临无数的消费触点。

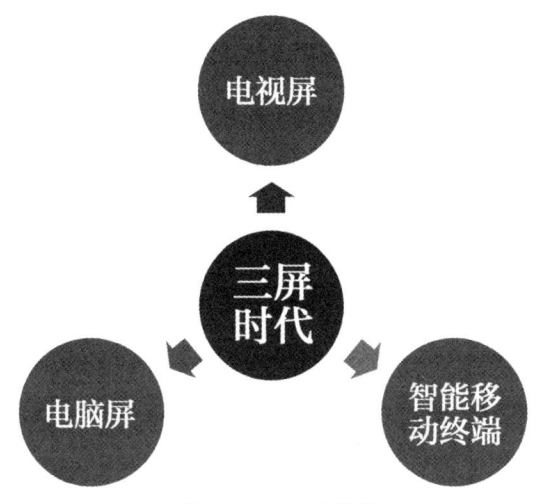

图8-10 三屏时代

其中，电视屏针对的是传统营销模式下的消费者，电脑屏则对应着PC互联网时代的消费者，而智能终端（手机、平板电脑、智能手表、智能眼镜）裹挟着前两者，催生的是移动互联环境下的消费新生代。

而当互联网用户、智能终端用户、信用卡及其他电子支付工具用户、便捷物流配送用户，四者交叉覆盖达到一定量值时，新的全渠道全触点营销模式就会出现（见图8-11）。

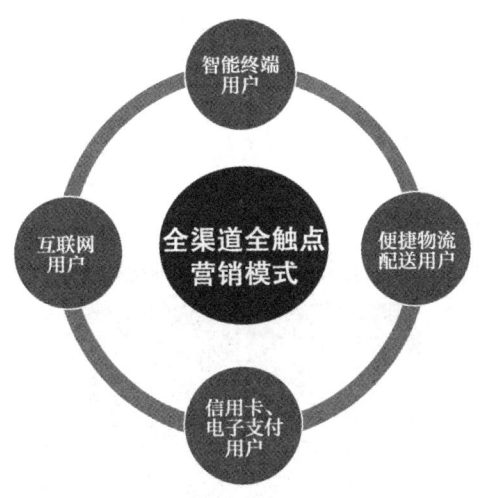

图8-11　全渠道全触点模式的用户交叉

在这种背景下，要留住消费者，商家需要在每一节点周密考量可能发生的所有消费场景，借助全渠道全触点的营销模式，用360度的无缝体验去包围消费者，满足他们不间断的消费需求，通过即时、动态、开放、连续的多渠道途径帮助顾客实现无障碍消费。

全渠道全触点营销模式，是基于人与人、人与物、人与媒体高度互联的环境下，消费者的决策路径已发生质的改变，线下线上也不再是独立、分行的渠道，这种情景下产生的一种以消费者为全程关注点的营销渗透模式。

在全渠道模式下，消费者对商家、品牌、产品、服务、价格、口碑等信息的获取，在不同地点，可以自助地采取线上、线下"并存和双跳"的方式，打破现有线下实体店、线上网店的单向单选的局面。

除了全渠道，全触点同样重要。

所谓"触点"（Touchpoint），是消费者与商家发生联系过程中的一切沟通与互动的点，包括人与人的互动点，人与物理环境的互动点等。

触点之所以重要，是因为消费者是基于他们在各个触点上的累计体验，而形成对商家的一个总体认知。这种认知会直接影响消费者对商家形象的判定，影响其后续消费行为。

消费者触点的循环周期分为四个阶段（见图8-12）。

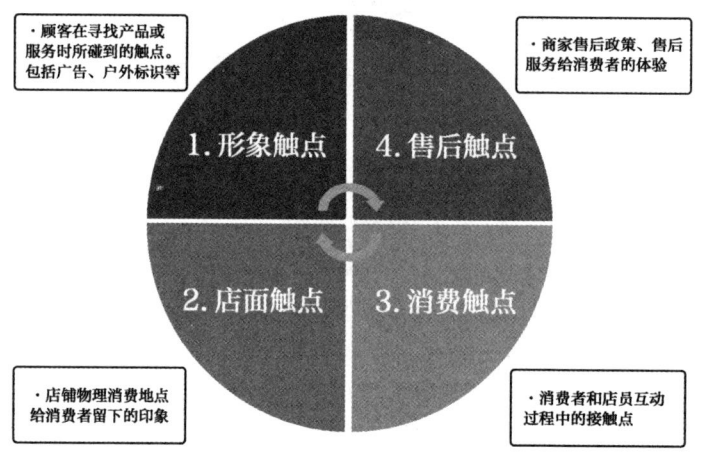

图8-12　消费者触点的四个阶段

针对以上四个接触阶段，商家应找出足够多的触点，把控好细节，完善每一个触点的顾客体验，提升顾客满意度。

四、O2O 的流量共享模式

线上向线下导流模式，是O2O模式的实践，核心是线下实体店，主要目的是通过O2O模式来为线下实体店导流，提高线下实体店成交量。

线上向线下导流，适用于品牌号召力较强、影响力较大的实体商业，具体导流模式有：优惠券、门店查找、品牌宣传、数据营销等（见图8-13）。

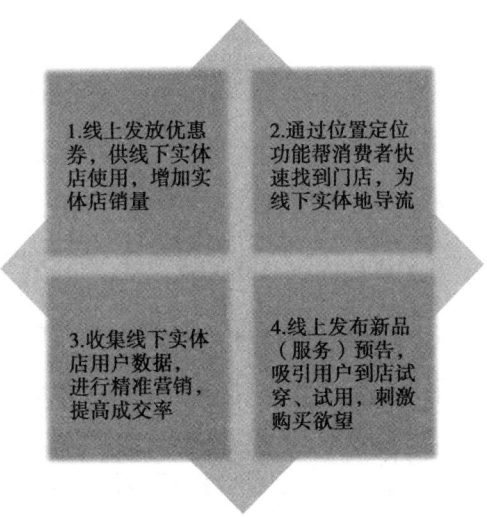

图8-13　线上向线下导流的4种模式

优衣库打造的O2O闭环，主要目的就是为线下实体店提供引流服务，帮助线下门店提高销量，并做到推广导流效果可查、每笔交易可追踪。

在优衣库的"门店+官网+天猫旗舰店+手机App"多渠道布局中，优衣库的手机App可以支持的功能多样（见图8-14）。

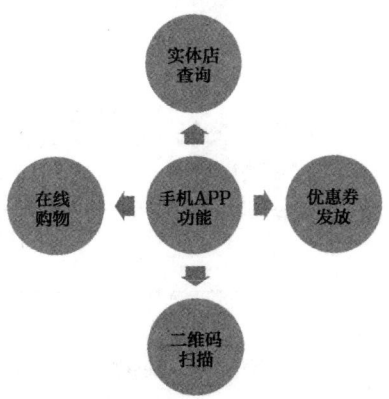

图8-14　优衣库手机App支持功能

其中，优衣库的在线购物功能，是通过跳转到手机端的天猫旗舰店来实现的，优惠券发放和线下店铺查询功能则主要是为了向线下实体店引流，增加用户到店消费的频次和客单价，提升经营绩效。

目前来看，优衣库已经有效实现了线上线下的双向融合（见图8-15）。

首先，App上设计的优惠券、二维码都是为引流而设计的，消费者手持App，只能在线下实体店内才能扫描使用。

其次，优衣库线下实体店内的商品和优惠券二维码，也只匹配优衣库的App，从而可以将线下实体店的消费者吸引到线上，提高App的下载量和用户量，培养忠实的消费者，实现线上线下融合的良性循环。

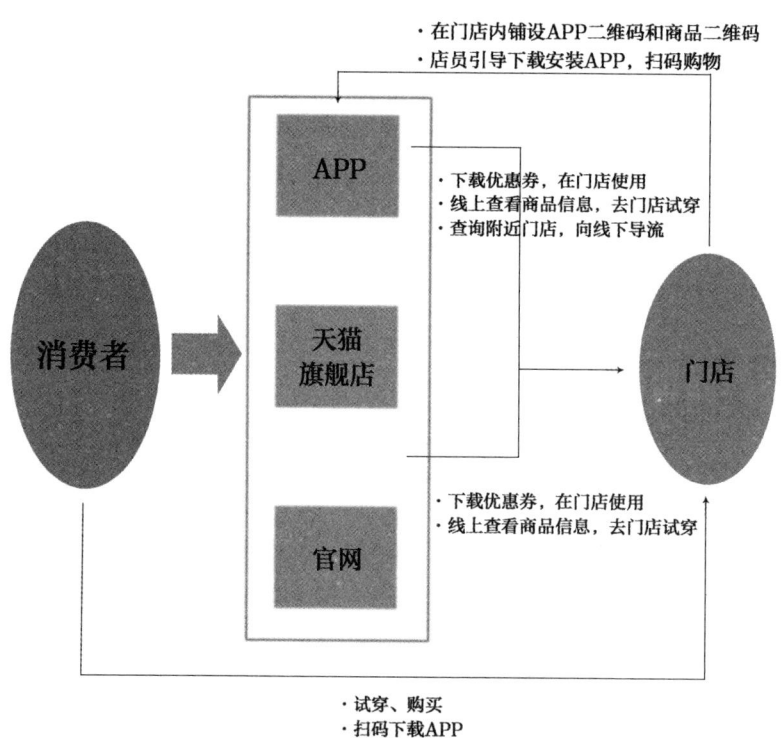

图8-15　优衣库线上线下导流模式图

除此之外，值得线下实体店关注的是，现代移动支付手段，其价值并不仅仅是增加一个支付通道，更重要的是打造一种最新的门店模式，增强购物的体验性和便利性，这也是将消费者从线上向线下导流的一个重要途径。

"我昨天在西单吃饭，买单的时候，店员说有三种支付方式：现金、刷卡、微信。我就选择了用微信支付，因为这样更加方便快捷，而且还有小礼物送。买单的时候只要扫描二维码，输入台号，系统就自动显示出你消费的金额，这个过程很有趣，也增加了消费者的体验感。通过扫描二维码，我也自动成为这家餐厅的会员。"一位消费者说。

线下商家增加新的线上支付方式，能够提高结算效率，减少顾客等待时间。目前，很多线下商家引入的微信、支付宝等快捷支付方式，过程的迅捷已经到了让人惊讶的程度，店内服务员手持移动终端只需在付款码上一扫，即可完成支付，甚至连密码都无需输入，整个过程只需要几秒钟，让人叹为观止。

五、零售的"交易时代"与"关系时代"

过去，消费者和商家之间，是一种非常松散的关系，在大多情况下，消费者从商家那里完成一次消费，基本上也就意味着店客关系的结束。

这是典型的零售"交易时代"。

人们知道，实体店经营是一个没有终点的航程，商家将产品、服务成功推销给顾客，其实并不意味着交易关系的结束，而是下一次交易的开始。

从另外一个角度讲，交易包括三个层面的含义（见图8-16）。

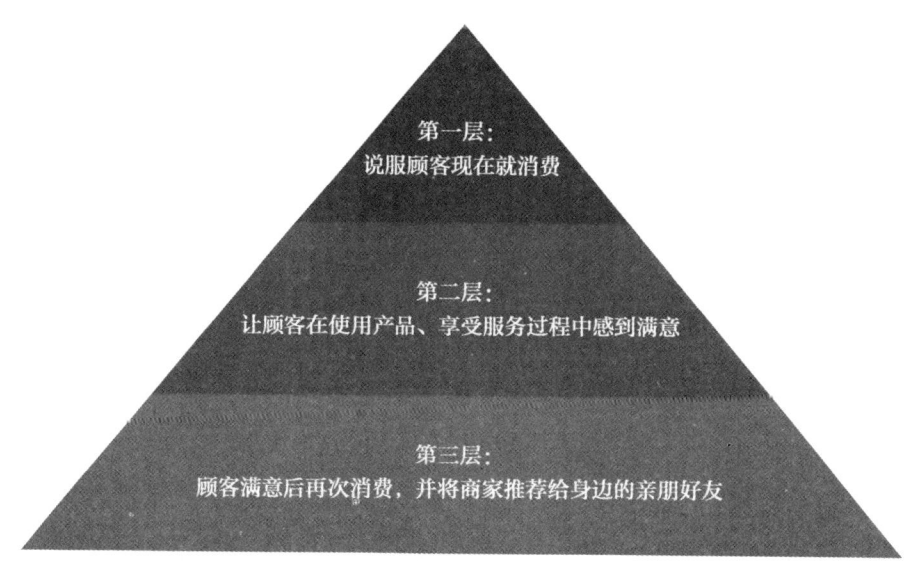

图8-16 交易的三个层次

对于任何商家而言,都只有两种顾客:消费过的顾客和没有消费过的顾客。

不断地吸引新的顾客前来消费固然重要,但是如何留住那些已经消费过的顾客,和他们建立关系,让他们持续来消费也显得日益重要。

尤其是在今天,随着获取新客户的成本越来越高,维护现有顾客的忠诚度就变得十分必要。

如今,线下实体商业已经逐渐从"交易时代"发展到"关系时代"。

消费者在消费的同时,商家有必要借助各种渠道和平台与消费者建立一种长期、忠诚的关系。

目前,各大电商巨头都在紧锣密鼓的布局线下实体店,将消费者吸引到店内,给他们创造独特的体验,通过与消费者的互动,建立起信任持久的关系。

对实体店经营者而言,互联网的无边界和高度透明化颠覆了商家与消费者的地位,消费者拥有广泛的信息来源和至高无上的选择权,这决定了商家必须以用户需求为导向，以用户体验为核心，重建商家与用户间的供需关系，做好顾客关系维护与管理。将给消费者创造更大的价值、带来极致的产品和服务、带来极致的消费体验，作为实体店经营的出发点和归宿，实现顾客关系由"弱关系"向"强关系"的转化（见图8-17）。

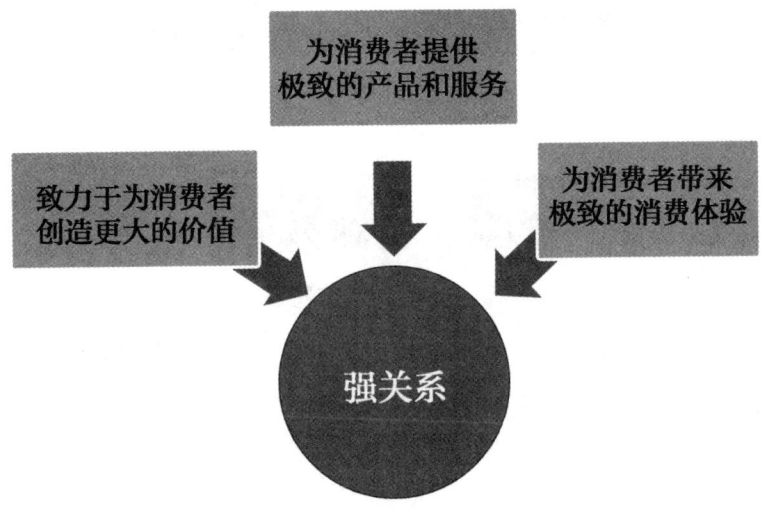

图8-17　顾客关系的"强化"

六、做好自媒体内容营销

在互联网时代，个体从"旁观者"转变成为"当事人"，每个人都可以拥有一份个人的"网络报纸"（博客）、"网络广播"或"网络电视"（播客）。"媒体"仿佛一夜之间变得不再高大上，不再遥不可及，而是成了人人可以触及的传播载体。

这种个人的传播载体就是自媒体（见图8-18）。自媒体是指私人化、平民化、普泛化、自主化的传播者，借助现代化、电子化的手段，向不特定的大多数或者特定的个人传递规范性及非规范性信息的新媒体的总称。

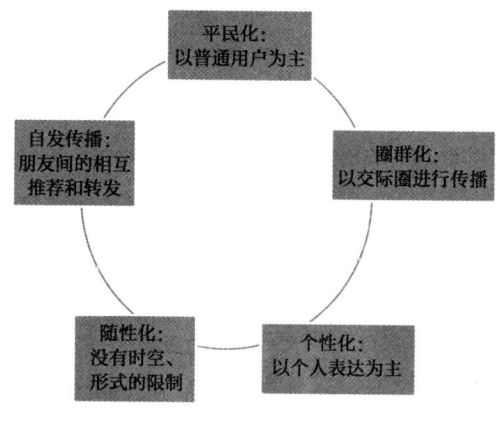

图8-18 自媒体的特征

常见的自媒体平台包括：博客、微博、微信、QQ空间、百度官方贴吧、论坛/BBS等网络社区、今日头条自媒体平台等。

实体店要成功实现"数字店铺"的营销推广，需要建立自己的自媒体平台，选择一种或多种最适合自身的社交媒体和社交平台，组合成一个互联网自媒体推广、宣传平台，实现对商圈和顾客的低成本精准营销、大范围拓客和集客，以及互动式会员管理。

"黄太吉"是北京一家经营煎饼果子、油条、豆腐脑等传统美食的特色餐饮小吃店，于2012年4月份开业。其创始人赫畅是互联网出身，曾任职百度、去哪儿、谷歌等知名互联网企业，凭借其互联网思维，硬是将普通的煎饼果子做出了国际范儿，致力于用新思维、新模式，打造新式中国快餐。

开业之初，"黄太吉"便开通了新浪微博，运营自媒体，确立了社会化的营销思路，宣传渠道主要集中在微博上。一时间，"黄太吉"老板开奔驰送煎饼、美女老板送餐、煎饼相对论等话题迅速成为微博上"吃货们"口口相传的话题。

"很多顾客都是看到微博上的分享慕名而来的。"在赫畅看来:"没有微博,我们这样的店是开不起来的。"

赫畅甚至认为:"善于利用微博,将是每一个要做店、做餐饮的中小商户老板必须掌握的东西。你不懂微博或者不会利用的话,坦白说,可能是你做事做了100%,成功的可能性可能只有30%。"

除了微博,"黄太吉"还借助了包括大众点评、微信、QQ、陌陌等在内的社会化自媒体平台,用来推广、推送信息甚至于订餐。

人们看到,现在有很多实体店都开通了微信公众平台等自媒体,不过自媒体平台搭建容易,想要运营好自媒体不是一件简单的事,需要做到以下几点:

1.首先确定用户是谁

实体店做自媒体,先要了解并确定自己的用户范围,然后围绕这个群体,去做针对性的内容推送,去做宣传,去传播活动内容。

2.要重视粉丝互动

商家和粉丝的互动不可或缺,通过互动,一方面可以帮助粉丝解决问题和疑惑,另一方面又增加了用户黏性。

商家与粉丝保持长期互动,自媒体的内容就必须有特色,否则很难长期吸引用户。

3.做好用户细节体验

用户体验都体现在细节里,比如欢迎语、文章的版面设计、图片如何插入、是否方便用户阅读与查看等,都会影响到用户体验。

4.追求人性化

世界上没有完美的东西,况且每个顾客的审美标准是不一样的,因此不存在满足所有用户的完美内容。但是,商家可以做到人性化,设身处地为用户着想,放低姿态,让用户感觉到被尊重。

5.自媒体的本质是建立渠道

做好自媒体,需要耐心去做数据的挖掘,包括一些用户标签、一些分类的标签,需要定期去做一些回复和维护。其实自媒体最重要的就是建立渠道,即同用户沟通的一个渠道,维护同用户之间的"强关系"。

七、经营顾客关系,做好关系营销

顾客关系管理(Customer Relationship Management,简称CRM),起源于20世纪90年代早期,它脱胎于西方的市场营销理论,最早由美国Gartner Group在1997年正式提出,在1999年被传入中国。

顾客关系管理(CRM)有三种类型(见图8-19)。

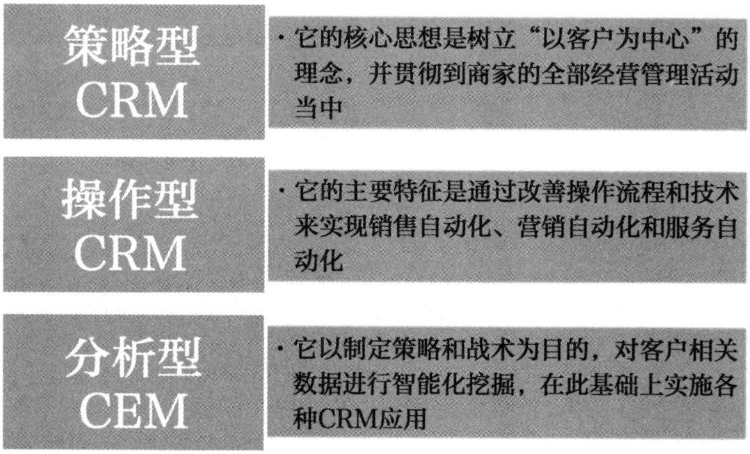

策略型 CRM	·它的核心思想是树立"以客户为中心"的理念,并贯彻到商家的全部经营管理活动当中
操作型 CRM	·它的主要特征是通过改善操作流程和技术来实现销售自动化、营销自动化和服务自动化
分析型 CEM	·它以制定策略和战术为目的,对客户相关数据进行智能化挖掘,在此基础上实施各种CRM应用

图8-19 顾客关系管理的三种类型

此处，笔者重点谈一下分析型顾客关系管理。

分析型CRM的主要内涵是：通过分析顾客行为，制定相应的经营策略，以合适的价格，在合适的时间，通过合适的渠道，为合适的顾客提供合适的产品或服务，从而提升顾客的满意度和忠诚度，为商家创造更多的利润。

传统的营销模式一般都是以产品、服务为导向，而分析型CRM则是以顾客为导向（见图8-20），通过深入分析挖掘顾客行为、了解顾客需求，为顾客提供他们需要的产品和服务，从而实现以产品和服务为主导向、以顾客为中心的转变。

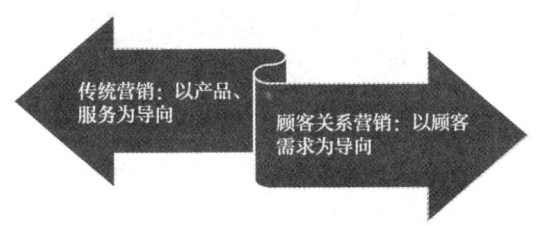

图8-20　传统营销和顾客关系营销的区别

第一，顾客关系营销第一步：进行顾客细分。

实体店经营者深入了解顾客的前提是要对顾客进行合理的归类，具体以可消费额和忠诚度两个维度对顾客进行划分（见图8-21）。

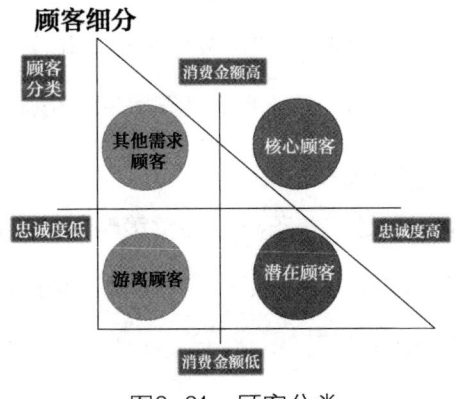

图8-21　顾客分类

对于不同类别的顾客,应该采取不同的管理应对措施(见图8-22)。

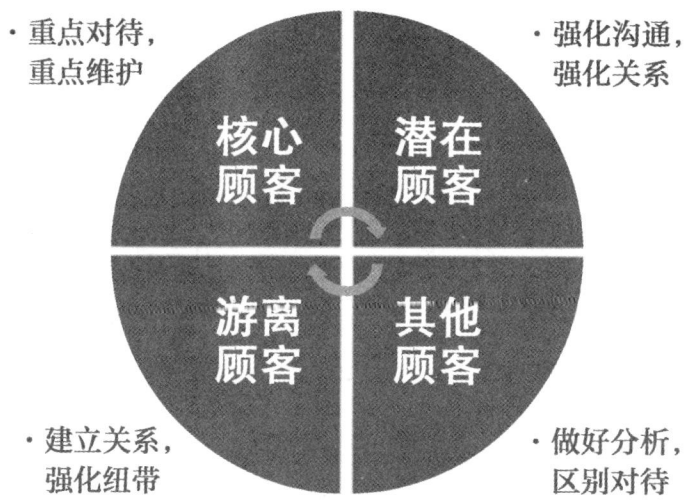

图8-22　不同类型顾客的维护策略

第二,基于顾客分析的营销活动,构建"强链接"。

联邦快递的创始人弗莱德·史密斯有一句名言:"要想称霸市场,首先要让客户的心跟着你走,然后让客户的腰包跟着你走。"

如何打动顾客的心?

要基于他们的心理和需求,提供差异化产品、差异化服务。

"孩子王"是母婴用品连锁品牌,截至2015年年底,"孩子王"在全国60多个城市内拥有130家实体门店,拥有活跃家庭会员500万户,"孩子王"接近98%的销售收入都来自于会员。

完善的顾客关系管理是"孩子王"经营策略的核心所在,帮助"孩子王"构建了实体店和会员的"强关系",甚至于"孩子王"的总部组织架构也完全围绕服务顾客而设立(见图8-23)。

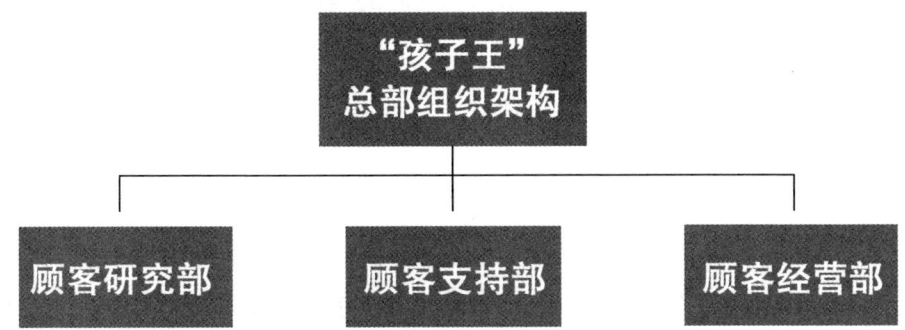

图8-23 "孩子王"总部组织架构

在线下门店,除了店长、后勤、客服、收银以及分管品类的主管之外,"孩子王"还设有一个关键职位——育儿顾问,相当于门店的销售人员,只不过更专业,能为顾客提供专业的销售服务和育儿咨询,容易获得顾客信任,赢得销售机会。这是"孩子王"进行顾客关系管理的重要一环。

对于顾客关系的经营,"孩子王"借助于一款"人客合一"的App,每个店员都有自己的App账号,登录账号,即可看到以下信息(见图8-24)。

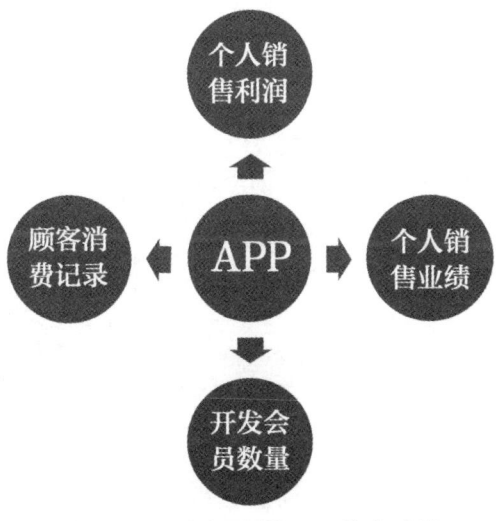

图8-24 "孩子王"App信息功能

基于这些信息，店员就可以进行针对性的销售说服，比如某个顾客长期未来消费，就可以通过App给顾客发送一个优惠券，诱导其消费。

"孩子王"强化顾客关系、进行关系营销的另一大策略是密集活动，据了解，"孩子王"每家线下门店平均每天都要举办至少三场活动，一是为了销售产品，二是为了吸引新会员的加入。

活动即营销，营销带来利润，这便是"孩子王"以"顾客关系管理"为核心的盈利模式。

第九章
引爆客流：店铺活动就是将营销的水烧到沸点

金错刀在《爆品战略》一书中指出："'在这无尽的黑暗中，只有爆品才能绽放一朵烟花，被更多用户看到。'一切商业竞争的本质都是流量竞争，传统时代流量是'光明森林'，看得见摸得着，靠渠道、靠广告、靠店面等；而在移动互联时代，流量是'黑暗森林'，看不见摸不着，是靠用户的口碑和人际链接而发生指数级裂变。"

在新零售时代，谁能充分利用互联网营销手段，引爆客流量，快速点燃顾客的热情，快速引爆口碑，谁就能捷足先登，拔得头筹。

一、跨界客流：你不跨界，必遭打劫

这是一个毁灭你，却又似乎与你无关的时代！

这是一个跨界打劫你，你却无力反击的时代！

这是一个你的反应速度慢半拍，就不用再醒来的时代！

这是一个你永远都不知道你的颠覆者会从何处冒出的时代！

在这个时代：

百度干了广告公司该干的事！

淘宝干了超市该干的事！

阿里巴巴干了批发市场该干的事！

微博干了媒体该干的事！

微信干了通信企业该干的事！

一切都在跨界！跨界的，从来不是专业的，创新者以前所未有的迅猛，从一个领域进入另一个领域。在这个趋势下，守旧者很害怕，对后来者和创新者来说，则是一个莫大的机遇。

《人民日报》曾在著名评论栏目"今日谈"刊登的署名马利的文章指出："一个行业面临变革的时候，也往往是最能触动反思的时候。如果不自我革新，就可能被推向边缘，我们不敢跨界，就有人敢跨过来"打劫"。互联网时代，一切变化都有可能。"

未来，酒吧还只是酒吧吗？

在咖啡厅还只是喝咖啡吗？

酒店里就只能睡觉吗？

美容业就靠坐等顾客上门吗？

银行等待的区域可不可以变成新兴书店？

如果人们还是用传统思路做传统实体店，恐怕机会已经不多了。

细心观察的人已经发现，传统的实体店开始"变脸"了·超市不再像卖场，商品陈列注重体验感，还多了婴童中心、名酒中心、家庭厨房及轻餐饮等跨界"场景"；咖啡馆再也不是以往的老样子，成了创业孵化器；服装店里可以喝咖啡，享用小吃；银行大厅等待办理业务也不再无聊，你可以喝咖啡打发时间……

优衣库引入了星巴克，在美国纽约的优衣库门店，顾客可以把玩店家准备的iPad，还能美美地喝上一杯星巴克的咖啡。

招商银行则开启了"咖啡银行"，在位于北京的第一家"咖啡银行"中，红色的招行标识和棕色的咖啡陪你标识各占一半区域，客户办理业务之余，还可以喝咖啡消闲。

永辉超市则牵手地产企业，为消费者提供全方位的跨界服务，顾客凭借购物小票，可到合作地产公司兑换同等金额的购房优惠券。

前文提及的各种生活体验店，其实也是跨界经营的一种形式。

笔者对跨界的理解是：某个消费群体总需要大致相通而品类不同的各种延伸性物品、服务，将它们聚集整合起来，就能实现关联销售。

跨界并非灵丹妙药，一跨就灵，总体来讲，实体店的跨界应当具有如下基础（见图9–1）。

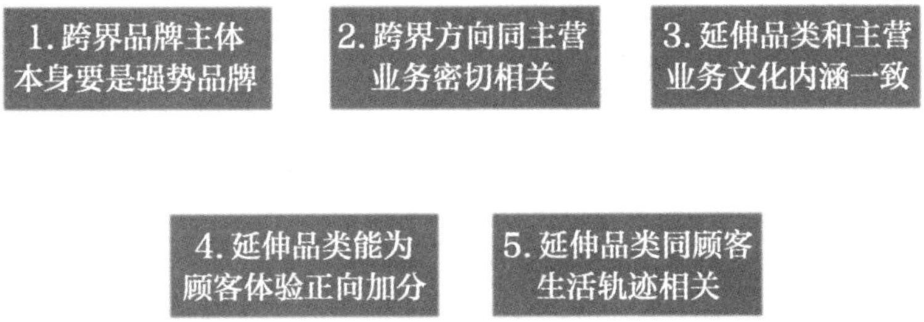

1. 跨界品牌主体本身要是强势品牌
2. 跨界方向同主营业务密切相关
3. 延伸品类和主营业务文化内涵一致
4. 延伸品类能为顾客体验正向加分
5. 延伸品类同顾客生活轨迹相关

图9-1　实体店跨界的五个前提

实体店做跨界融合时，要注意规避以下风险（见图9-2）。

不可过多融合，会模糊品牌个性
不做无关联融合，以免扰乱品牌形象
跨界风险规避
不可低品质融合，会降低品牌价值
延伸品牌处于辅助地位，不可喧宾夺主

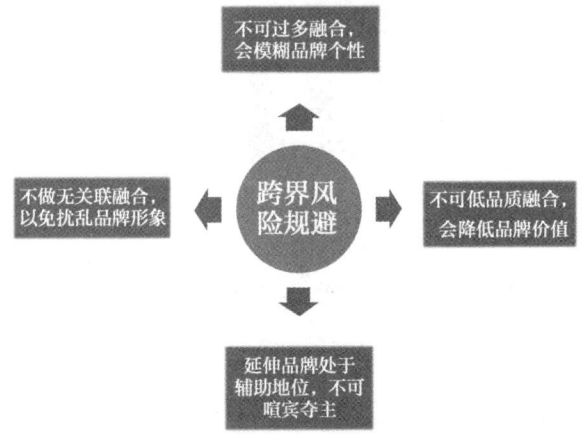

图9-2　实体店跨界融合风险规避

二、通过增值服务为消费者创造更多价值

随着传统线下商家与电商的竞争从“游牧战”转向“地面战”，实体店经营者不要陷入“价格战”或“移动战”的误区，应真正以消费者体验为中

心，通过增值服务为消费者创造更多价值，才能赢得零售竞争。

商家应结合自身优势和资源条件，挖掘增值服务的潜力，实现从"商品搬运工"向"服务提供商"转变。

商家能提供更多增值服务，实际上也是消费者对实体店从业者的一种新时代期许（见图9-3）。

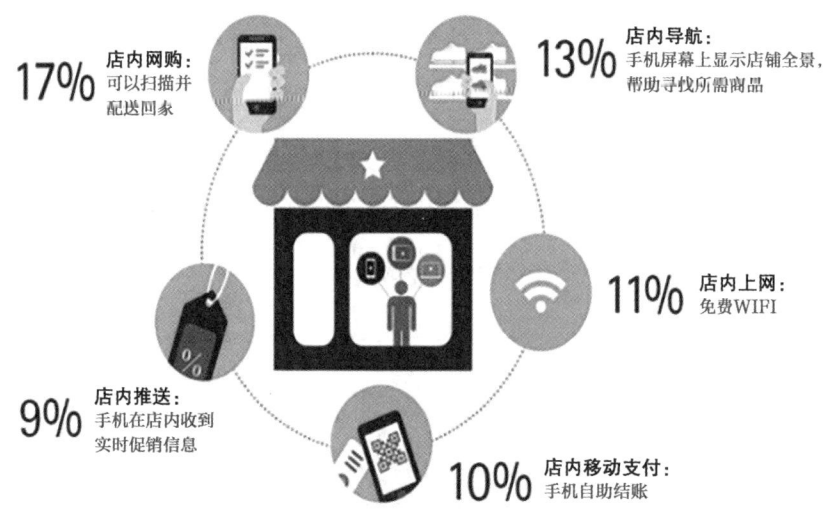

图9-3 消费者对实体店的"五大期待"（增值期待）

在很多一线城市的写字楼、商圈和社区，一些具有前瞻性的实体商家，已经开始践行通过提供更多的增值便民服务来增加顾客黏性的新招式。

在总人口达10万余人的北京方庄社区，方庄地铁口附近开有一个"邻家"便利店，店面不大，销售的商品品类也不算多，但他们提供的服务可不少，在这里，顾客可以享受到洗衣、自助缴费、WiFi、复印、限时送达、会员积分等增值服务。

值得一提的是"邻家"的洗衣服务新模式，"邻家"通过和洗衣工厂直接合作，来为顾客提供专业洗衣服务，顾客36小时后可取衣服，效率要高于周边商圈的专业洗衣店,很受顾客欢迎。

邻里家(北京)商贸有限公司运营总监翟悦称:"这比很多洗衣店要快,方便了周围写字楼的白领。目前,这项服务已在50多个门店推出,完成了1万多单。我们还提供免费WiFi和手机加油站服务,每个手机一把钥匙,锁好就可以放心地买东西,也可以在餐台吃完东西再取。此外,还有复印、自助缴费等服务。最近,我们正在谈代收快递服务。"

不只是"邻家",很多城市的便利店,都开始迎合顾客需求,拓展增值服务内容,比如:免费提供开水、手机卡充值、免费微波炉加热、金融支付拉卡拉、公交卡充值、ATM取款机。

这些服务新内容,在方便顾客的同时,也为实体店聚拢了人气。服务搞上去了,顾客才会光临。

在电商冲击实体商业的大潮下,实体商业不是没有逆袭的可能。如果实体店经营者,能做到与时俱进,发掘新机会,且能在此基础上,不断调整产品品类、完善服务类别,那么,实体商业逆袭将为时不远。

三、流量创新,社交互动

先来了解几个概念:

1. 什么是社群

传统意义上的社群,符合如下特征:有稳定的群体结构和较一致的群体意识;成员有一致的行为规范、持续的互动关系;成员间分工协作,具有一致行动的能力。

2.什么是网络社群

艾瑞咨询在发布的《2016年中国网络社群研究报告》中,给网络社群下了一个明确的定义:"有共同爱好、需求的人组成的群体,有内容、有互动,由多种形式组成。社群实现了人与人、人与物的连接,提升了营销和服务的深度,建立起了高效的会员体系,增强了品牌影响力和用户归属感,为企业发展赋予新的驱动力。"

今天,人们所说的社群更多是网络社群,在吴晓波看来,社群是一种基于互联网的新型人际关系。

网络社群同社区、社交网络有所不同(见表9-1)。

表9-1 社群同社区、社交网络的区别

项目	社群	社区、社交网络
形成	社群的形成由管理者主导	完全由个体主导
结构	社群是制度化的	社区、社交是自由化的
关系	强关系	弱关系
输出	传播较慢	传播快

社群相对于社区,属互动性更强的"强关系",社群成员之间往往建立了强链接(见图9-4)。

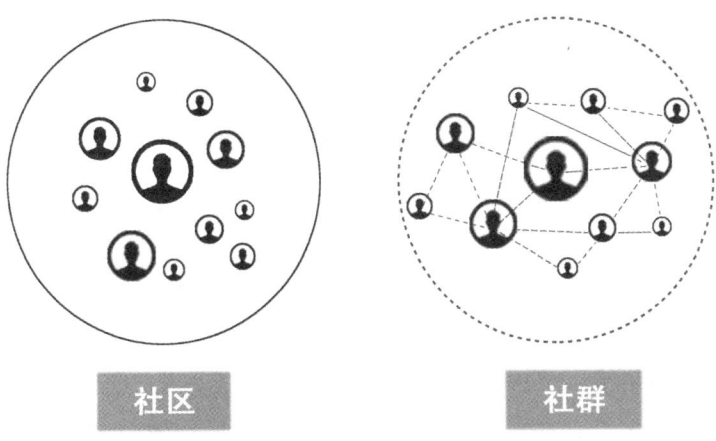

图9-4 社群和社区的拓扑图

3.什么是社群经济

有社交的地方就有人群,有人群的地方就有市场,有市场的地方就有商机,就有经济利益。

小米公司有一套独特的福利吸粉模式,通过促销、优惠、新品特卖等手段吸引粉丝,为品牌聚集人气。其中,米粉节是小米回馈众多米粉的一个典型节日,小米会在该阶段利用极其诱人的促销折扣吸引粉丝疯抢产品,创造一个又一个销售奇迹。比如,在2016年米粉节,小米网总销售额突破18.7亿元,累计参与人数4683万人,顾客参与游戏次数10.2亿次。

这种直接的让利吸粉模式,形成了庞大的米粉社群,这也是小米公司的高忠诚度的社群——小米粉丝社群。

星巴克也很擅长对社群营销的操作,在Twitter、Instagram、Google+、Facebook等互联网社交平台上,人们都可以看到星巴克的身影。

在Facebook和Twitter上,星巴克市场向粉丝推广新产品,顾客可以从中了解新品资讯、优惠福利等;

在Twitter上，星巴克也展开了针对粉丝的宣传，并通过文章引流，形成粉丝社群；

星巴克还通过与Foursquare合作，进行抗艾滋慈善活动，顾客到星巴克消费，并在Foursquare上打卡，星巴克就会捐出1美元，在做慈善的同时，星巴克以较低的成本收获了大量忠诚顾客，加入自己的社群阵营。

知名媒体人吴晓波认为，社群的商业意义表现在：

其一，社群能够让消费者从"高速公路"上跑下来，形成真实的闭环互动关系，重新夺取信息和利益分配的能力。

其二，社群让互动和交易的成本大幅降低，从而令优质内容的溢价得以实现，而消费者的支付也得以下降。

其三，社群能够内生出独特的共享内容，彻底改变内容者与消费者之间的单向关系，出现凯文·凯利所谓的"产销者"。

在吴晓波的逻辑里，社群同优质内容有着重要关联。而免费的优质内容分享恰恰是聚拢人气、吸引粉丝、形成社群的关键所在。

能提供高质量内容的知识提供者是产生优质社群的源头，吴晓波介绍过自己亲身经历的一个案例："涨粉最多的那一天，一定是写出了一篇好文章。比如我写的《去日本买了个马桶盖》，当天就增加了1.8万粉丝，第二天又增加了1万。没有任何的侥幸，粉丝都是一枪一枪打出来的。"

只有当客户变成用户，用户变成粉丝，粉丝变成朋友的时候，才称得上是社群。

未来，是社群与社群之间的竞争，谁能吸引更多的优质用户进社群，谁能占用社群用户更多的时间，谁就能抢占先机，形成竞争优势。

在一个成熟的社群生态中，社群领袖要能够满足用户在参与感、热度、利益、信息补充、价值认可上的需求（见图9-5），如此，社群才能高效、良性地运作。

图9-5　社群用户的五大需求

待商家将成熟的社群生态搭建起来之后，就可基于社群，进行精准的、高黏性的社群营销。

四、异业联盟，共享客流

异业联盟（Horizontal Alliances），是指各个行业、各种层次的商业主体之间，为了实现共同的利益，而组成的短期或长期商业联盟（见图9-6）。

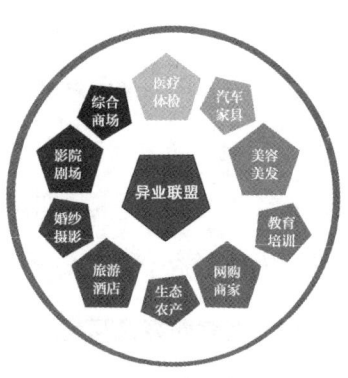

图9-6　异业联盟的参与者

异业联盟参与者相对独立,同时又存在一定的利益共享关系,是一个相对紧密,资源共享、利益共存的联盟。

异业联盟看上去似乎是一个有点生僻的概念,但在现实商业环境中,它已经很常见。

例一:

中信银行信用卡积累了数千万用户,通过积分兑换礼品的形式来提升用户活跃度和用户黏性;肯德基餐厅推出了新款的豪华午餐,希望有更多消费者前来品尝。

于是,中信银行的工作人员找到了肯德基,双方一拍即合,共同约定:中信银行信用卡用户用一定数量的积分就可以兑换一个新的午餐套餐。这样,中信银行回馈了老用户,增加了用户黏性,肯德基也实现了引流消费的目的。双方实现了"1+1>2"的双赢效果,皆大欢喜。

例二:

三十多岁的苏女士,开了一家服装店,天性爱美的她经常去一家美容店做SPA。一次,在跟美容店老板的闲聊中,双方无意中迸发出了一种双赢的合作思路——苏女士在自己的服装店里,帮美容店老板娘做广告宣传,当顾客购物满300元时,就赠送一张美容店价值300元的免费体验券,当顾客拿着体验券到美容店里体验时,就成了美容店的潜在顾客。

同时,苏女士会印制一些代金券放在美容店。美容店顾客消费到一定额度,就可以得到服装店的代金券,可以直接到服装店里消费,抵扣现金。

由于双方在产品上不存在任何竞争,在商业地位上相对平等,面对的消费群体也比较一致,只有合作而没有冲突,互利互惠,双方一拍即合。

异业联盟,是一些没有任何业务交集的商家,出于共同抵御市场"寒冬"的需要，来"抱团取暖"的一种合作方式，可为参与者带来诸多积极效应（见图9-7）。

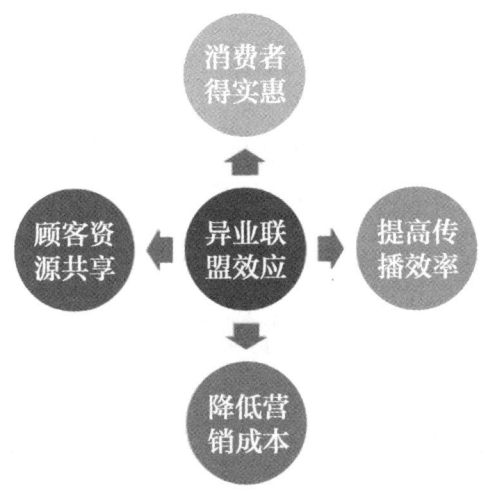

图9-7　异业联盟的积极效应

1.实现顾客资源共享

联盟参与商户之间，可以实现顾客资源的共享，积"众弱"为"众强"，共同对抗电商和线下大品牌、大商家的冲击，这也是异业联盟进行资源共享、资源整合、资源营销的核心。

2.让消费者得到实惠

异业联盟可有效实现消费者利益最大化，它的实质是将分散的各大利益主体共置于一个公共平台上，在这个平台上，各方均能在合作的达成中实现自己的利益。在这个过程中，消费者也实现了"利益均沾"，得到了最大化的实惠。

3.降低营销成本

异业联盟降低了营销成本。联盟商家的联合促销费用一般是由双方和多方共同投入，有效降低了广告宣传成本，另外营业额增加了，也等于变相增加了利润，减少了促销费用。

另外，通过异业联盟的渠道交换借用，可有效增加产品/服务的渗透率，降低昂贵的渠道成本。

4.提高传播效率

实体店影响力的扩散和品牌效应的形成，需要不断地通过各种渠道来强化。通过异业联盟，商家可以利用其他商家品牌的影响力和传播渠道进行宣传，互相合作，能有效提高传播精准度和效率。

五、依靠粉丝来引流

不少实体店经营者都存在这样的困惑：

初期顾客很多，过了开业期，顾客怎么就越来越少了呢？

为什么顾客很多，但都是"铁打的营盘流水的兵"，却始终没有真正忠诚于自己的客群？

管理大师彼得德鲁克曾说："衡量一个企业是否兴旺发达，只要回头看看其身后的顾客队伍有多长就一清二楚了。"

线下实体店要想把生意做大做好，无非就是把握两个要点：稳住原有的老顾客；不断把新顾客变成老顾客。

如何做到这两点？

店主需要具备"粉丝和互粉精神"，传统实体店经营者的商业思维往往是"单机版"，较少考虑顾客需要什么样的产品和服务，更多是站在自己立场去推销商品和服务给顾客。

在互联网时代,线下实体店也需要粉丝,实体店需要将顾客尤其是忠实顾客变为粉丝,要具备粉丝经济的思维,懂得迎合和取悦粉丝,懂得跟粉丝互动,这样粉丝就愿意跟着店主,而且越炒粉丝越多。

粉丝和互粉精神的本质,在于更强调对粉丝(对顾客)的迎合和互动,在互动的过程中进行品牌的广而告之,根据粉丝的个性化需求,做好产品、服务的延伸扩展,满足粉丝需求,让顾客感觉开心和满足,顾客和店铺之间互相欣赏,彼此喜欢,把"弱关系"变成"强关系",打造持续发酵的口碑效应。

这正是一个粉丝营销的完美闭环(见图9-8)。

图9-8 粉丝营销示意图

在社交时代,粉丝已经从"被动接受者"转变为掌握传播主导权的"主动参与者",他们不但是市场消费的主体,同时也是引领市场潮流的意见领袖。

在此背景下,商家应通过发掘粉丝潜能重新定义同消费者的关系模式,打造粉丝经济生态链。

在粉丝营销上,"名创优品"的做法值得借鉴,早在2015年上半年,"名创优品"的官方微信公众号,就吸收了超过800万名的粉丝。

在开通公众号之初,"名创优品"给其的定位是——只做消费者朋友的社交媒介平台,在这个平台上名创优品从粉丝需求入手,去充分挖掘他们的兴趣点,分析他们的注意力,深入研究他们的语言风格,结合时下热点打造话题内容,来和粉丝做深度互动。在微信公众平台上,"名创优品"提供更多的服务和体验,而不是一味地推送广告宣传信息,主要通过热门有趣话题的互动,带来活跃的流量,形成口碑传播,在更广泛的范围内实现话题发酵。

在这个过程中,粉丝就渐渐产生了品牌黏性。

六、实体店引爆客流的杀手锏——会员制

回顾一下前文内容,笔者曾经提到"好市多"能够保持低毛利的另一个杀手锏,就是会员制。

众所周知,由于实体店辐射范围有限,顾客数量有上限,近几年被电商分流了部分客源,加上周边竞争对手的争夺,对实体店来说,引流的困难越来越大,客流越来越分散。

从引流成本上来看,保持营销费用仅是吸引新消费者的一个方法,于是会员运营被实体店纷纷提上了重要日程,希望成为引流突破口。

会员制不是新事物,在新的商业环境下,要想将会员营销做出新意,需

要注意以下事项：

1.转变思维方式

以往，店铺的会员运营通常站在自己的角度去设计，把会员当作分发促销通知的又一条途径，而没有去揣摩顾客的真实需求，未从顾客的角度出发，因此也就很难让他们感受到会员身份能给自身带来什么利益，导致顾客对会员身份并不热衷。

这种思维方式务必要扭转，为了更好地做好会员运营，实体店运营人员要更深入地运用大数据，在原有的"消费次数、消费金额"之类的简单分析逻辑之上，增添多种维度和指标，用于分析每个顾客的消费喜好。例如购物时间偏好、折扣敏感度、价格耐受度、新商品追求度、新品牌接受度等，综合各项参数，将会员的权益和属性与顾客的消费喜好进行匹配，才能吸引顾客对于会员制的真正兴趣，会员的好感度、忠诚度将会逐渐建立。

2.设定会员的门槛

为了保证会员的尊贵性，要为会员设定门槛值，避免将所有消费的顾客都当成会员。如果人人都能轻易成为会员，那么会员的尊贵和优越性也就无从谈起了，店铺对顾客的吸引力就会大大降低。

商家应根据当地的消费标准来制定规则，明确顾客需要一次性消费多少或者累计消费多少金额，才可成为会员，并告知顾客会员的权利以及会员升级的具体要求。

常规的会员权利一般有两种：一种是通过会员消费来积累积分，会员可以进行积分兑换，另一种是会员可以比普通的顾客享有在某些时间内或在某些产品上获得更多的优惠，并可以参加店里组织的各类活动，享受某些增值服务等。

3. 科学设计会员权益

对于会员享有的权益，店铺要从商家和顾客双方角度去科学考量，不可随意为之，以免留下隐患。

比如，某家洗车行，开业之初，为了发展会员，开展了一场大让利活动，承诺会员只需300元就可以全年无限次洗车。结果可想而知，商家发展了大量储值会员，日常生意异常火爆，洗车的人每天都排长队，有的顾客三天两头过来洗车，有的甚至一卡多用，洗车行门庭若市。但尴尬的是，店里顾客虽然很多，商家却不赚钱，甚至于顾客越多越赔钱。

4. 做好会员档案管理

建立会员档案是会员管理的第一步，方便进行跟踪服务。在建立会员档案时，要根据顾客的年龄、性别、消费额度、消费偏好、喜欢的服务方式、对促销信息的接受情况、价值观等信息进行有效的分类。老顾客和新顾客要进行区分，根据成为会员的时间长短进行电话跟踪，互动交流，拉近商家与会员之间的距离。

会员档案管理，要注意安全性，切忌不要将会员资料弄丢。比如，某理发店，用单机版会员系统来管理会员顾客的储值卡，但电脑突然中毒，系统重装，导致会员数据全部丢失，完全不知道哪些会员办了卡，卡里还有多少余额，给店铺经营带来了很大麻烦。

人们发现，很多门店在选择会员管理软件的时候很随意，有些店铺甚至用手写记录的方式管理会员信息。这种方式存在很大的安全隐患，很容易造成会员数据丢失，从而引发严重的损失。

建议商家可以选择云管理系统，将会员信息保存在云端，随时随地同步管理，解决后顾之忧。

5.定期互动,增强会员黏性

对于会员,商家要定期互动,做好跟踪,避免出现沉睡会员。这需要商家定期监测会员的消费数据。比如,以2个月为周期,如果2个月之内未消费,就要对会员进行分析。了解该会员以前的消费情况及消费频率,再判断其目前的消费状况是否存在异常,如果不正常,那么要进一步分析他以前的消费记录,采取一些措施,如发信息或打电话了解原因,以便及时采取应对措施。

另外,对于所有会员,都应设计一套定期的互动策略,做好会员关系维护。

第十章

死磕运营:不断优化你的体系

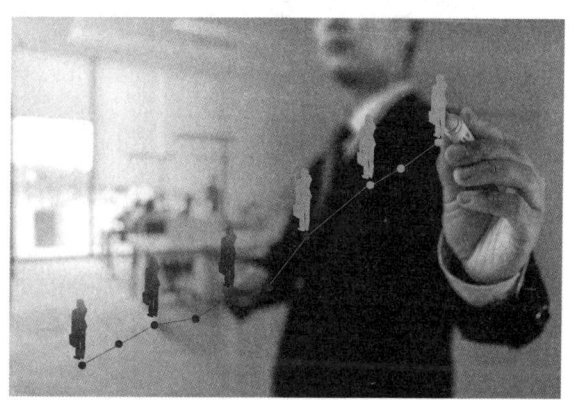

线下实体店有两大体系：前台体系和后台体系。

前台系统是顾客可以看到的、感受到的、触摸到的、体验到的，是给顾客带来体验的系统；后台系统具有带来良好顾客体验的高效运营能力，这是一只"看不见的手"，是店铺的核心竞争力所在，也是阻挡竞争模仿复制的一道门槛。

高效的运营体系才是产生爆品、爆店的必然结果。

一、搭建体系：实体店的前台系统与后台系统

1776年，英国经济学家亚当·斯密在《国富论》一书中提出"看不见的手"的命题，它的基本内涵是：只考虑个人利益的个体在经济生活中，受"看不见的手"的驱使，即通过社会分工和市场的作用，就可以达到个人富裕、国家富裕的目的。这里，"看不见的手"是一种在无形中产生作用的资本主义完全竞争机制。

在实体店经营中，也有一只"看不见的手"在起作用。

实体店一般包含两大体系：前台体系和后台体系。前台系统是大家可以看到的、感受到的、触摸到的、体验到的，是给顾客带来体验的体系；后台系统则是带来良好顾客体验的高效运营能力，这是一只"看不见的手"，是店铺的核心竞争力所在，也是竞争对手很难模仿的一门艺术。

人们看到，在国内线下商业大受电商冲击之际，日本实体店却很少受电商的影响，从表面看，是因为日本实体店的用户体验做得出色，甚至可以说达到了极致的体验。实际上，真正让日本实体店（包括其他顾客体验良好的实体店）屹立不倒的根源在于其高效率的内在运营能力。

实体店的运营能力主要表现在以下几个方面：

1.死磕低价采购

前文多次提到的"好市多"，之所以能持续地给会员提供物美价廉的产

品,关键就在于死磕低价采购。

在"好市多",有两条不能触碰的经营红线:

第一,所有商品毛利率不得超过14%,一旦高出这个数字,需要上报CEO,并请董事会批准。

第二,外部的供应商,如果给竞争对手供货价格低于"好市多"供货价格,那么它的商品永远不会再出现在"好市多"超市的货架上。

这两条准则严格执行下来,结果就是:"好市多"的商品平均毛利只有7%,而号称"天天低价"的沃尔玛,毛利率则在22%~23%。

2.勤进快销

日本实体店追求的就是"快节奏、高效率",勤进快销,经营者对于市场需求的预测非常精准,确保不会出现库存积压,降低产品仓储成本,提高资金周转率。这种经营效果是建立在以下核心能力之上的:

第一,对于商品的畅销情况进行精确预估和判断,在此基础上建立科学的库存管理体系。

第二,对商品进行高效推广、促销,纳入促销范畴的不仅包含过季、过时、滞销的商品,还包括时新的产品、畅销的爆品,让顾客为之痴狂。

第三,建立涵盖"人、商品、资金"三位一体的考核体系,打造高效快捷的分销运营体系,根据用户需求打造快速反应能力和应对速度。

3.极致的单品管理

在零售业有一种说法:"世界只有两家便利店,7-ELEVEn便利店和其他便利店"。日本7-ELEVEn堪称是线下实体零售业的标杆,它在运营管理上有颇多独到之处。

被尊为7-ELEVEn之父的铃木敏文提出过一个"单品管理"概念,

英语甚至以"单品管理"的日文发音为"单品管理"创造了一个新的名词"Tanpinkanri"。

所谓单品管理,就是店铺要依据经营假设来订货,做好经营预案,使得不论某种商品实际需要多少订货,公司都能够应对自如,以此来掌控畅销商品,排除滞销商品。为此,铃木敏文要求每一个店员都要汇报每一件产品的情况,那些不好卖的东西要迅速清除。

这是一项复杂的系统性工作,但的确能提升实体店的运营能力、反应速度,且能直接提升利润率。

二、制度化管理:没有规矩,不成方圆

做餐饮行业的老板有一个头疼的问题,就是食材采购,这是一个公认的难题,一些常用的管理措施无外乎下面几种,让笔者来分析一下这些做法的利弊:

1.老板亲自去采购或让亲戚去采购

这样做,一是因为老板精力有限,如果凡事亲力亲为,老板就只能成为个体户,难以开成连锁餐厅。二是因为亲属也不可靠,夫妻之间都会藏私房钱,在缺乏监督和约束的环境下,其他人就更不用多说。

2.一人采购,一人监督

餐饮食材采购多是现金交易,并且菜价每天都处于变化中,难以监控。在利益的驱使下,采购和监督二人很容易形成联盟,合起伙来欺骗老板。即使不联盟,一人购买,一人监督,中间就避免不了扯皮和争吵,会大大降低

工作效率。

更重要的一点是人员成本的增加，本来可由一人完成的工作，交给两个人去做，成本谁能承受？

3.采取轮班制，让不同的人去采购

须知，采购是一项很专业的工作，食材如果让不懂行情、不懂潜规则的人去采购，很可能被小贩欺骗，买到质次价高的东西。

4 固定采购人员，轮换监督人员

首先，外行很难监督内行，专业采购可以很轻松地说服供应商配合自己演双簧。其次，采购人员每天被不同的人监督盯梢，本身也难以接受，因为这是一种赤裸裸的怀疑。

餐饮老板之所以挖空心思地设计这些不甚奏效的采购制度，其实都是采购人员缺乏契约精神所导致的。

对于实体店日常经营而言，管理制度绝不是一个可有可无的东西，它是保证店铺正常运转的一个根基性元素。

如何制定最合理的制度，从而使店铺能以最好的状态运转，是每个经营者都不能忽视的问题。适当而合理的制度，加上严格的贯彻执行才是店铺成功运营的保证。

笔者在微博上看到过一个有意思的案例：

一个顾客和朋友前往一家不起眼的小面馆吃饭，由于饭店客人不多，那名顾客闲来无事，就跟老板闲聊起来。谈到如今的生意，老板叹气不已，说自己当年最红火的时候曾在市中心开了一家拉面馆，那可是日进斗金啊，如今却是生意惨淡。

顾客表示不解，想知道其中缘由。

"现在的人太贼了！"老板说，"我当时雇了个会做拉面的师傅，在工资上总也谈不拢。"

"开始我为了调动他的积极性，采取的措施是按销售量给他提成，每卖出一碗面，这位师傅就有五毛钱的提成。过了一段时间，他发现了其中的门道，客人越多他的收入也就越高。为了吸引客人，他开始在碗里放入超量的牛肉。你想想，一碗牛肉拉面才五块钱，我本来靠的就是薄利多销，他这样糟蹋牛肉，我还赚哪门子钱啊！"

"后来看这种制度不行，钱都被他赚去了。就换了一个分配制度，每月只给他发固定工资，当然比以前高了许多。我想这样他不至于再多加牛肉了吧，因为顾客的多少都和他的收入不再有直接关系。"

"后来你猜怎么着？"老板说着心情有些激动，"你绝对想不到，他竟然开始往碗里少放牛肉，客人也都不傻，如此做法，竟然把客人都赶走了。"

"可他为什么要这样做？"那名顾客和朋友都感觉疑惑。

"牛肉的分量少，顾客当然不满意，下次他们也就不会再来光顾了，回头客少了，生意慢慢也就变得清淡了。可他不管你生意好不好，没人光顾了，他巴不得图个清闲。"

这称得上是个最原生态、最贴近实战的案例，从中人们或许可以看出制度的重要性。甚至，这个小案例还引起了不少专家学者们的关注。在笔者看来，这家面馆的老板或许应该制定如下制度：

◆ 采取底薪加提成的薪酬制度，提高员工积极性；

◆ 控制关键流程，比如加牛肉；

◆ 综合顾客满意度和利润情况来建立有效的奖惩制度；

◆ 面馆师傅的收入应该和老板的利润挂钩，而不能直接取决于销量；

◆面馆应构建良好的沟通、激励机制,让师傅感觉到被尊重,给予其精神上的奖励,提升其主人翁精神。

同样一个面馆,同样的人,同样的运营条件,只是不同的分配管理制度,带来的可能是截然不同的结果。所以说一个店铺如果有不好的工作风气,那一定是制度的问题,是体制的问题。只有制度合理了,才能使各项工作高效地进行。

仅仅有了合理的制度还不够,还要确保制度的权威。

管理学上有一个著名的"热炉法则",它的基本意思是:当人用手去碰烧热的火炉时,就会受到"烫"的惩罚。这个"热炉"有以下四个特点,而这些特点则形象地向人们展示了在维护制度落实时的惩处原则:

第一,预警性。炉子火红,不用手摸,一看就知道是热的,是会烫伤人的。管理者要据此对员工进行制度教育,以警告他们不要违反、抵触,否则会被"烫到"。

第二,即时性。当人们要试着去摸火炉时,立即就会被烫伤,绝不允许拖泥带水,不了了之。同样,对于违反制度的员工,也一定要让他们受到惩处。

第三,必然性。人们每次碰到热炉,都必然会被烫伤,没有下不为例之说。而管理者对员工的惩处也必须在错误行为发生后立即进行,绝不拖泥带水,更不能有时间差,以便达到及时改正错误行为的目的。

第四,公平性。不管是谁碰到热炉,都会烫伤,无一例外。这里强调的则是惩处的公平性,不管是谁违反了制度,都要被惩罚。

古今中外,能够反映"热炉法则"的例子不胜枚举:"孙武斩宫女治军""孔明挥泪斩马谡"等历史典故都是"热炉法则"的很好运用。

每个市场化运营的实体店都应有自己的管理制度，管理者要做的是要让这些制度变成不敢触碰的"天条"，违反"天条"者必然要受惩处。唯有如此，才能维护制度的威严。

三、实施精细化管理

关于这一点，第七章中也提到了一些，在我国文化和人们的做事习惯中，充满了太多不确定的词汇，诸如"大概""差不多"之类的，这些词语反映了人们做事态度不认真，细节管理专家汪中求称这种现象为"马大哈文化"。

这当然是精细化管理的对立面和阻碍因素。

举一个人们日常生活中的例子：煮鸡蛋。人们一般在家里煮鸡蛋，无非找一口锅，放上水和鸡蛋，打开火，煮上几分钟，等自己觉得差不多了，关火取鸡蛋，放凉水里冷却一下，就完成了。如果采用精细化的方式，该怎样煮鸡蛋呢？

在日本的超市里，鸡蛋售出时都会附赠一份说明书，介绍的是煮鸡蛋的步骤：

◆采用长、宽、高各4厘米的特制容器；

◆加水50毫升左右；

◆1分钟左右水开；

◆再过3分钟关火；

◆利用余热煮3分钟；

◆凉水浸泡3分钟。这样煮出来的鸡蛋，不但生熟适度，并且能节约4/5的水和2/3的热能。

什么是精细化，这就是最好的体现。

如今精细化管理已经成了一种理念，一种文化。精细化管理是源于发达国家的一种企业管理理念，它是社会分工的精细化以及服务质量的精细化对现代管理的必然要求，是建立在常规管理的基础上，并将常规管理引向深入的基本思想和管理模式，是一种以最大限度地减少管理所占用的资源和降低管理成本为主要目标的管理方式。

据了解，欧洲生产的鸡蛋都是有"身份证号"的，如：1—DE—4315402，这一大串字母都代表什么呢？其中，第一个数字，如果是"0"则表示是绿色鸡蛋，"1"表示是露天饲养场放养的母鸡下的蛋，"2"表示是圈养的母鸡下的蛋，"3"则说明这是在笼子里饲养的生长环境最差的母鸡下的蛋；两个英文字母是鸡蛋出产国的标志，DE代表德国；第三部分数字是产蛋母鸡所在的养鸡场、鸡舍或鸡笼的编号。

食品生产精细到这种程度，消费者还用再担心食品安全的问题吗？

精细化管理就是落实管理责任，将管理责任具体化、明确化，它要求店里的每一个成员都要到位、尽职。第一次就把工作做到位，工作要日清日结，每天都要对当天的情况进行检查，发现问题及时纠正，及时处理等。精细化管理的操作特征，可以用精、准、细、严四个字来概括。

◆精：是做精，精益求精，追求最好。不仅把产品做精，也要把服务和管理工作做到极致，挑战极限。

◆准：是准确的信息与决策，准确的数据与计量，准确的时间衔接和正确的工作方法。

- ◆ 细：操作细化、管理细化，特别是执行细化。
- ◆ 严：是严格控制偏差，严格执行标准和制度。

精细化管理是一种以科学管理为基础，以精、准、细、严为操作特征，通过充分运用商家的各种资源，强化协作，提高执行力，从而达到降低成本、费用，提高店铺运作效率和经营效益为目的系统管理方法。

精细化管理，是实体店向"小而美"方向蜕变的必经之路，通过精细化管理，实体店才能更好地做到"小而精、小而优、小而美、小而强"。

四、走精益化零售之路

京东CEO刘强东将零售分为四种业态（见图10-1）。

图10-1　零售的四种业态

在刘强东看来，以上四种零售模式是不断更替的。促使这种更替持续进行的，除了不断提升的顾客体验之外，还有一个重要原因是零售业态背后的运营成本和运营效率。

零售业发展趋势是：高效率低成本的零售业态将会取代低效率高成本的业态。

第一，传统集贸式零售业态的运营效率较低，平均的库存周转天数与成本较高，经过"全国总经销商、省级经销商、市级经销商、县级经销商到批发商"层层加价，最后消费者要为此付出30%～50%的额外成本。

第二，大商场式业态，通常也需要25%～35%的渠道成本，需要50天～70天的周转天数。

第三，连锁店式零售业态，能够将费用率降到只有20%，甚至20%以内，能把库存周转天数控制在五六十天左右的水平，明显优于上述两种业态，因此，竞争力更强。

京东的成本和效率管控又是什么水准呢？

刘强东的答案是：

> "京东电商的成本费用率从来没有超过12%，你在财报上看到我们费用率可能14%，因为有'到家'，有很多其他成本放到一块了，纯粹看电商我们费用率只有12%左右，第一次把整个渠道的成本降到了12%以内。我们库存周转天数只有30多天，我们库存管理了200万种产品，传统零售库存管理只有5万种，最多没有超过15万种，沃尔玛全球的产品总数只有15万种，但是京东管理着全国200个库房超过200万种的库存产品，我们依然能把周转天数控制在40天以内，30天左右。"

从成本和效率数据上看，京东已经明显优于其他传统零售业态。传统实体零售业态虽不至于像刘强东讲的那样会被颠覆、被彻底取代，但来自电商的威胁是显而易见的。

实体零售如何避免遭受电商的"降维打击"呢？当务之急是走出一条"低成本、高效率"的精益零售之路。

1. 降低成本

降低成本，可有效提高利润率，也可为让利顾客留下空间。德国阿尔迪超市的扩张就是明证，优衣库和名创优品在线下大举扩张开店也是得益于成本控制。

名创优品等新零售业态的含金量比较传统零售业态，竞争力表现在何处？创始人叶国富将其归结为："三高"和"三低"，即"高效率、高科技、高品质；低成本、低毛利、低价格"。

在叶国富看来，"传统零售公司一般毛利在35%以上，比如森马、安踏、美特斯邦威、特步等品牌，毛利基本在40%，名创优品毛利多少？8%。按照传统模式假设进货价为1元，中间商、品牌商、运营商加40%毛利，就是1.4元，到零售再加一倍以上，水涨船高，那基数更高。而名创优品只加8个点，就是1.08元，同时严格控制零售加价30%的上限，这样终端价格就很低了，这是革命性的变化。"

这种革命性的变化，赋予了名创优品让竞争对手难以望其项背的竞争优势。

在保证一定品质的基础上，谁能把价格降下来，谁就能赢得消费者青睐，占领市场。

2. 提高效率

提高效率同降低成本，具有因果关系，店铺运营效率的提升，必然对应着成本的下降。

如何提高运营效率？经营者需要有效打通店铺内部采购、商品、管理、服务、协调等所有流程，实现老板（店长）、导购（服务人员）之间的实时互动、扁平沟通，将店铺和个人联系起来，使进度可视化、成本可视化，从而建立一个效率最高化、成本最小化、利润最大化的实体店经营管理系统。

比如，国内经济型酒店品牌华住集团，和FaceUI联手开发了酒店自助入住系统，顾客借助App就可在用户端实现自助选房、预约发票、0秒退房等，将办理入住时间从原先的3分钟缩短至30秒，大大提升了工作效率，减少了顾客的等待时间，变相提升了顾客满意度。

再比如，对于实体餐饮店而言，衡量餐厅运营效率和利润率的一个关键指标是翻台率，翻台率越高，餐厅运营效率越高，利润也就越高。

星巴克咖啡店的翻台率很高，除了品牌认知因素外，星巴克还采取了一些"人为因素"，来提升翻台率。

首先，星巴克店内的座椅，不论是木凳还是无扶手沙发，坐久了顾客都会感觉到不舒服。星巴克此举，正是为了减少顾客留店时间，为后来顾客腾出空间。否则，如果座椅太舒服，顾客带上一台笔记本电脑、一本书，加上一杯咖啡，一坐就是半天，那咖啡馆的生意还如何保障？

其次，星巴克还另有一些赶人的"坏招数"，比如，在店内人流量爆棚时，通过开大音乐量、加大冷气的方式，使顾客感到不舒服，顾客不舒服了自然就会走。

五、用互联网思维改造实体店

这个世界没有绝对的传统企业，也没有绝对的没落企业，只有传统的思想，传统的思维，传统的理念，传统的行动。

在互联网时代，很多传统实体店之所以被电商打败，其实本质上并不是技术的问题，而是思维的问题。就好比100多年前，清朝海军耗巨资组建的北洋舰队，从硬件、规模上不仅毫不逊色于同时期的日本舰队，甚至可以媲美欧美海上列强的舰队，但面对已经彻底西化、完成了资本主义转型的日本海上力量，还是遭遇了惨败。这种失败，是败在了思想、思维的层面。清朝洋务派主张的"师夷之长技以制夷"，终难以奏效，技术无法从根本上解决问题。

因此，没有所谓的传统商业，只有传统思维的经营者。技术通过花钱就可以搞定，但思想的东西，如果不改变，还是会一败涂地。

万科创始人王石说过一句话，"淘汰你的不是互联网，而是你不接受互联网"，人们生存在互联网时代，应该学习互联网思维。

传统商家如果善于将互联网工具、手段跟自身实际情况结合起来，为顾客提供更多增值服务、更人性化的产品、更极致的体验，提高管理运营效率，那么不仅不会被电商颠覆，还会活得如鱼得水。

但是，实体商业如果排斥互联网，拒不将互联网当成工具同自己的行业相结合，那么，最终实体店的还是同行，是那些完成了互联网转型的同行，因为他们接受了互联网，把互联网跟自己做的事情结合起来，突破了瓶颈，取得先发竞争优势。就像第一次工业革命中的蒸汽机、第二次工业革命中的电力，首先掌握这些新能源的企业会具备先发优势，成为创新型力量。而当所有的企业都掌握了这些资源之后，它们将变身为最基本的工具，最基础的生产资料。

在互联网时代，实体店经营的方法完全变了，再固守传统思维，注定会四处碰壁。未来一定是属于既能深刻理解传统商业的本质，又具有互联网思维的人。

所谓商业的互联网化，主要表现在两个方面：

第一，商家将重新构建跟消费者之间的关系。

第二，商家利用互联网工具改造内部经营流程。

为了更好地说明互联网思维在商业实战上的魔力，来看两个案例：

案例一：

2014年，业界流传"黄太吉"被估值12亿元，"黄太吉"利用互联网思维宣传煎饼果子，竟然能将销售额做到十几亿元，引起了业界热烈讨论。

案例二：

在北京环球金融中心，一个40平方米的门面房里，24岁的湖南常德人、北京大学法学院即将毕业的硕士研究生张天一，也开了一家牛肉粉店。它的海报招牌上写着："硕士粉，良心粉。"和他一起创业的三个小伙伴更是有硕士、MBA，还有前公务员。张天一认为，一是自己有乡土优势，二是借鉴了互联网思维。目前该店也经营得红红火火。

这两个餐饮业态有所不同，但又惊人地相似，都可以称之为互联网品牌。人们可以从这些新型的餐饮店中，找到一个普遍的现象，那就是他们不只是单纯地卖煎饼果子、卖牛肉粉，他们和传统的小饭店有着本质的区别，在其经营思维上贯穿着同样的互联网思维。

比如，"黄太吉"创始人郝畅本身的知名互联网企业从业经历，以及张天一和他的创业伙伴们打出的招牌"硕士粉，良心粉"，借自己的身份制造了噱头，运用互联网思维来运作宣传。

那么，互联网思维到底是什么呢？在"互联网"时代，这个概念经常被滥用，互联网思维到底是什么，莫衷一是。

阿里巴巴的曾鸣认为，互联网精神是八个字：平等、开放、互动、迭代；小米的雷军表示，互联网的核心思想是七个字：专注、极致、口碑、快（见图10-2）；"黄太吉"的创始人郝畅则总结出十个字：文艺复兴、小时代、社群、势。

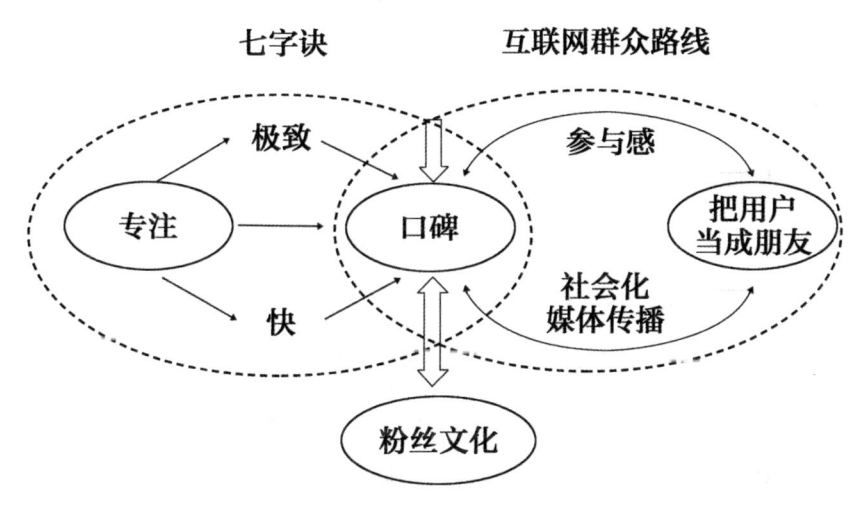

图10-2 互联网思维"七字诀"

"互联网思维的三大定义"如下：

第一，依托互联网做传播，找到目标客群，也让目标客群认识商家，进行参与、互动。

第二，以用户需求为导向进行产品开发、服务设计，根据找到的目标客群做精准型"窄众产品"。

第三，微小改进、快速迭代、以互联网手段收集反馈，迅速改进产品、服务，进行再传播。随着功能、服务以及产品线的完善与扩充，逐步扩大目标人群。

需要注意的是，互联网思维如同一个中药方子，每一味药都常见，配在一起却可能有奇效。如果片面地看待互联网，任何一点单独拿出来都没有什么奇特，互联网思维是把这些要素组合起来，产生破坏性的模式创新。

六、智能改造：将实体店改造成"数字店铺"

零售未来学者道格·斯蒂芬斯对"顾客体验"做了个定义，他表示，顾客体验就是零售商精心地、点对点地设计和每一个用户的交互；这一切从他们发现、意识到一个品牌或店铺开始，直到支付结束，尽管方式可能有所不同，但是在每个渠道的逻辑都是相同的。

在互联网时代，"四面墙壁+漂亮的商品陈列"已经远远不够了，商家和顾客交互的内涵和外延进一步扩展，试图通过全渠道来满足用户的线下商家，必须得好好思考一下自己的实体店如何才能借助互联网技术完成数字化转型，打造智能化零售空间。

互联网技术最重要的两个特征，是连接和交互。就是以顾客为中心，连接顾客，与顾客进行交互。

由于互联网技术的发展，顾客的消费习惯和反馈更容易掌握。如今，实体店借助互联网技术，可以将顾客连接和交互做得更充分，将顾客体验做得更惊艳。

"不怕竞争，就怕不公平竞争。"李燕川说："不了解互联网时，心里打鼓。但等到熟悉了、会用了，线下企业反而欢迎竞争。现在的主要矛盾不是竞争，而是线上和线下在某种程度上处于不公平竞争，不利于线下零售业的平稳转型。"

在很多实体店经营者看来，有必要学习利用互联网等新技术，来实现经营方式的跨越。而一旦掌握了互联网技术，线下商家将在消费体验、价格、售后等方面展现优势，完全有能力同电商相提并论。

事实上，互联网技术正在深入渗透和应用于线下实体店的各个角落，大数据、WiFi、电子标签、智能货架、自动收银、自动打包、移动互联、线上APP等技术正在推动线下实体商业的技术革新。

未来，实体店的终极模式，就是要借助互联网、移动互联网技术，将其逐渐升级成"实体+智能"于一体的"数字店铺"，最终实现线上线下的全渠道O2O商业模式。

比如，在店面的适当位置，添加可以无缝链接互联网的数字货架、智能电视、数字橱窗，用于点击即可播放产品、服务使用示范和品牌宣传，并借助免费WiFi和会员接入等，通过移动手机客户端App、网店、微店以及微信等社交媒体平台，实现线上线下对顾客全天候"随时、随地、随心"的无缝链接，实现实体店"六化"（见图10-3）。

图10-3　实体店互联网"六化"

除此之外，还有一些新技术会深刻影响到实体店的未来（见图10-4）。

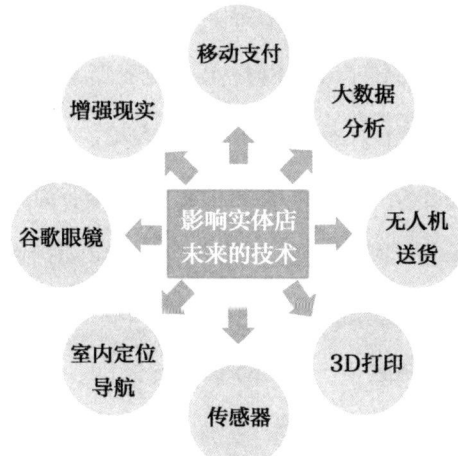

图10-4　影响实体店未来的八大新技术

打造智能店铺，并没有想象中那么遥不可及，举个例子：英国的800多家星巴克店面增加了一项针对宝爸宝妈的人性化服务，星巴克的服务人员会帮助宝爸宝妈们寻找座位、加热奶瓶、换尿布等。同时，他们还可以坐在座位上，借助App下单，店员会将餐点直接送到他们手里，免去他们要抱着孩子排队买东西的麻烦。

这算得上是一种比较简单的"数字化实体店"体验了。

七、欲善待消费者，必先善待员工

塔·布克是瑞士著名的钟表大师，也是瑞士钟表行业的开创者和奠基人。

1560年，他在游览埃及的时候，参观了蜚声世界的金字塔。游览后，他断言，建造埃及金字塔的绝对不是奴隶，而应该是一群快乐的自由人。

2003年，埃及最高文物委员会通过对大量墓葬考证，证实修建金字塔的并不是奴隶，而是当地有自由身份的农民和手工业者。

但在多年前，塔·布克却是没有任何证据来证明这一点的，他之所以敢这样断言，完全是因为他自己的制表经历。

塔·布克是一名天主教徒，1536年曾因为"亵渎"神灵被罗马教廷以异教徒的身份逮捕入狱。入狱后，监狱方面安排他制作钟表，但他却怎么都制作不出日误差小于十分之一秒的钟表。而在入狱前，他制作的钟表没有哪一块日误差大于百分之一秒。

"一个钟表匠在不满和愤懑中，要想圆满完成制作钟表的1200道工序，是不可能的；在对抗和憎恨中，要精确地磨锉出一块钟表所需要的254个零件，更是比登天还难。"塔·布克这样说。

推己及人，结合自己的亲身经历，塔·布克想到了埃及金字塔的建造者。若是金字塔的建造者是满心愤懑的奴隶，金字塔的各个环节就不可能被衔接得那般天衣无缝，连刀片都插不进去。所以，建造金字塔的，一定是一群自由人，而且是虔诚而快乐的自由人。

时隔四百多年，瑞士的钟表匠依旧坚持并恪守着一条塔·布克传承下来的行业准则——"在过分指导和过严监管的地方，别指望有奇迹发生。人的能力，唯有在身心和谐的情况下，才能发挥到最佳水平。"

仔细揣摩一下这番话。

实体商业希望给顾客提供有温度的服务，首先应将这种温情传递给员工。善待员工，让他们感觉工作是自由的、快乐的、有成就感的，如此心境之下，他们才有可能为顾客提供有温度的服务。

2008年，大连大商总裁在郑州改革开放30周年商业企业高峰论坛上说：

"今天我不想讲大连大商,就想讲讲胖东来现象。这么多年来,我没有见过像胖东来这么好的生意,你见过人排队吗?见过汽车排队吗?见过电动车排队吗?烈日炎炎下,妇女顶着太阳,打着遮阳伞,推着电动车排15分钟,前面出去一辆,这边才能进去一辆,方圆一公里之内都没有商店,人家就在这一棵树上吊死。汽车也是这样,一到周末整个街都封路,不管是许昌,还是新乡。前几年如此,现在还是如此,不服不行!"

这些行业协会和同行的评价,没有夸大其词。

进入胖东来的店面,有什么不一样呢?最明显的是人们所看到的营业员,全都笑逐颜开,跟其他地方营业员那种常见的职业性微笑不同的是,他们是发自内心,让顾客如沐春风,感觉很舒服。

胖东来的营业员看到抱孩子、提东西、上下楼梯的顾客,马上会出来相助。超市内部,做清洁工作的阿姨,竟然跪在地上拿毛巾擦地,旁边还有一个配合着拿扇子扇,两人有说有笑,高高兴兴就把活给干了。有人问她们是老板这样要求的吗,阿姨回答说不是,那为什么要做得这么细致呢?她们的回答是——因为这样擦得干净!什么情况下,人会以这样的态度来干活,只有在家里,给自己干活,给自家擦地的时候,才会如此精心,才会这样负责啊!

其他商家的员工也许也能做到这一点,但他们很可能是畏于制度、迫于老板压力,咬着牙这么干。对于工作,是自动自发,还是制度驱动?带来的结果是不一样的,员工的工作状态是不一样的,更重要的是,他们给顾客的感受是不一样的。人都不傻,你对他们是真心相待还是外热内冷、虚情假意,大家是能够体会出来的,这就是差距,这种差距有时候是难以逾越的鸿沟。

什么人会像胖东来的员工一样认真负责?家里人。

员工为什么为店铺操心?因为这事和他有关系,和他自身的利益息息相关。不操心,自己的经济利益就没有保障,甚至被切断。操心了,店铺好了,自己也就好了,也就得实惠了。

这就是胖东来的管理逻辑,让员工切实得到实惠,得到收入,胖东来的员工收入,相当可观。

作为同行,大连大商总经理的年薪是多少,通常是28万元,最高也不会超过50万元。你猜猜胖东来一个店长年薪多少?100万元!是大商总经理的三四倍,这只是个店长。再看看胖东来其他管理人员的收入(见图10-5)。

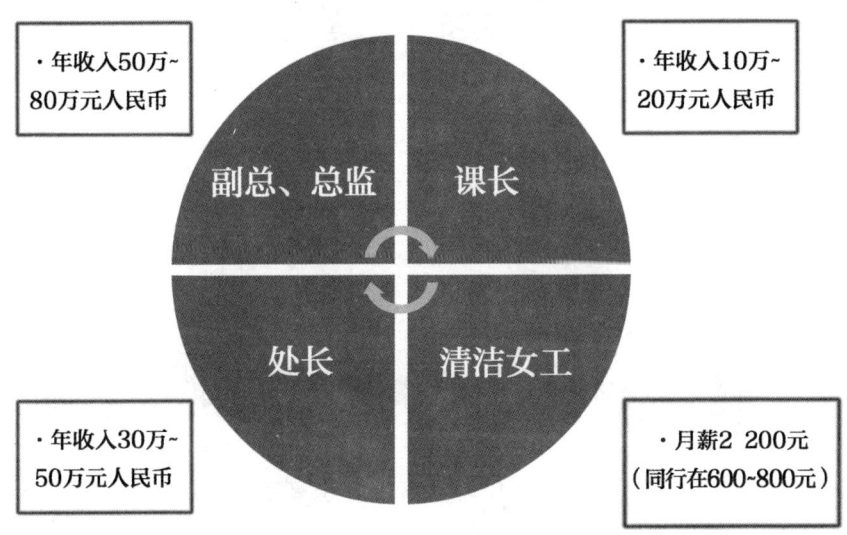

图10-5 胖东来各级员工收入水平

如此,便不难理解为什么胖东来的员工能为顾客提供发自内心的温情服务了。

店员同顾客之间是一种服务与被服务的关系,这一点没错,但它并不意味着服务人员就低人一等。丽思卡尔顿酒店的信条卡上有这样一条座右铭——"我们以绅士淑女的态度为绅士淑女服务!"这句话在业界被传为经典。

丽思酒店领导深知，要营造恭敬且有温度的服务氛围与服务文化，就必须现在酒店内部营造一种尊重员工、善待员工的氛围，受这种氛围的感染，员工才能自然而然地为顾客提供有温度的服务，而非生搬硬套，挂着言不由衷的笑容，进行生疏而机械的服务。得到温情服务的顾客，则会成为商家的常客，甚至影响身边的人前来消费，为商家带来源源不断的客流和利润，实现良性循环（见图10-6）。

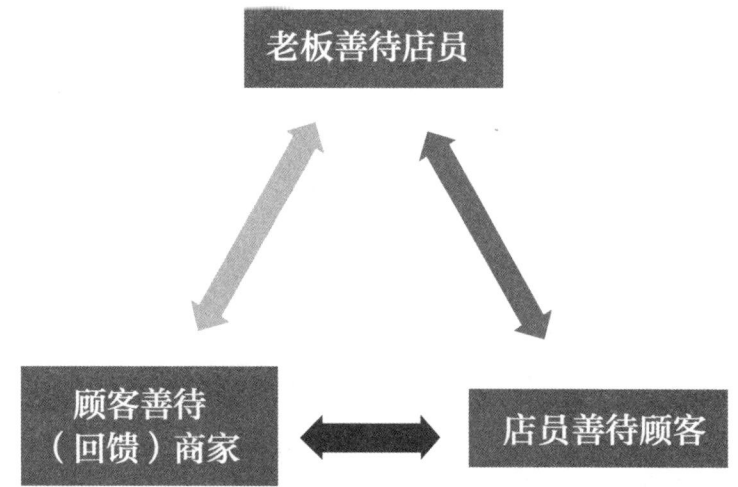

图10-6 实体店的"善待链"

八、维护好店铺租赁关系

实体店商户租用商铺经过多年经营后，在一定范围内会形成一定的商业影响力，这无疑是一种无形资产，如果撤店变更地址，这种无形资产和影响力就会消失归零，一切又要从头开始。

在店铺经营良好的情况下，承租人最担心的一件事是房东以各种缘由将商铺收回。

比如，某家店铺生意红火，赢利丰厚。房东看得眼红，想收回来自己做生意，自己经营。这种情况下，即使有租赁合同约束，对于那些不具备契约精神的房东而言，也无济于事，他们完全可以借助漫天要价、大涨房租的手段将承租人逼走。

为了规避可能出现的这种风险，需要提前做出安排。

1.签署周期尽可能长的租赁合同

麦当劳的店铺选址标准中有这样一条约定——租期至少10年以上。

1969年年初，麦当劳筹划进入日本市场。

一天，麦当劳总裁克罗克问日本分公司总经理藤田："你是打算先租赁店铺，还是先招加盟商呢？"

藤田说："当然是先招加盟商啦，如果凑巧他们有自己的商铺，我们会省去很多麻烦。"

克洛克听后连连摇头，说："你要先去租店铺，再招加盟商。"

一个月后，藤田找到了店铺，租金总计20万美元。克洛克问："东京的房租难道这么低吗？10年房租竟然只要20万美元？"

"10年？不，不，这只是3年的租金呀，我打算跟房东签3年的租赁合同。"

克洛克又连连摆手："你要跟房东签10年的合同，而且要一次性付清全部租金。"

藤田不解，反驳说："一次性付10年的租金，这太不划算了。"

克洛克笑着解释道："一次性支付10年租金，房东就不会再吵着要涨房租了，这样，加盟商也就离不开我们，无法另起炉灶了。"

藤田点点头："这样的话，加盟商就是想背叛我们也不行。"

"是的，如果他们不按约定交加盟费，我们就可以将他们赶走，然后再招一个，反正顾客已经习惯了这里，谁是加盟商对他们来说都一样。"克洛克说。

藤田找到房东，一次性支付了10年的房租。

周期长的租赁合同，能够有效避免房东漫天涨价，同时也能稳扎稳打，让店铺扎下根来，使无形资产不断增值。

2.寻找具有共同经营心态的房东

日本的实体商业很成熟，竞争力非常强，电商对其基本上形不成冲击。其中一个重要因素就在于，日本人招商不是做房东的心态，而是共同经营的心态。

举个简单的例子，中国有些商铺、商场从设计到开业周期非常短，往往只有半年的时间，甚至于在开业前一夜，还有大量施工人员在现场突击，赶进度。

而日本东京的六本木商业区，精心打磨了整整15年，才正式开业。他们从商户需求出发、从消费者需求出发，悉心研磨，打造出来的商业项目，更加人性化，更贴近店铺经营者，贴近消费者，贴近生活，贴近商业的本质。

反观国内商铺房东，基本上都缺乏品牌意识，缺乏跟承租人共同经营的心态，有着严重的房东心态，只看重短期利益。

在国内商业大环境中，找到具有共同经营心态的房东，比较困难。一个基本的原则是，优先选择单位房东而非个体房东，对于个体房东，则要擦亮眼睛。

3.签订正式完整的租赁合同

租赁合同,是保障承租人利益的重要凭证。除了常规合同条款,还需要注意以下内容的约定(见图10-7)。

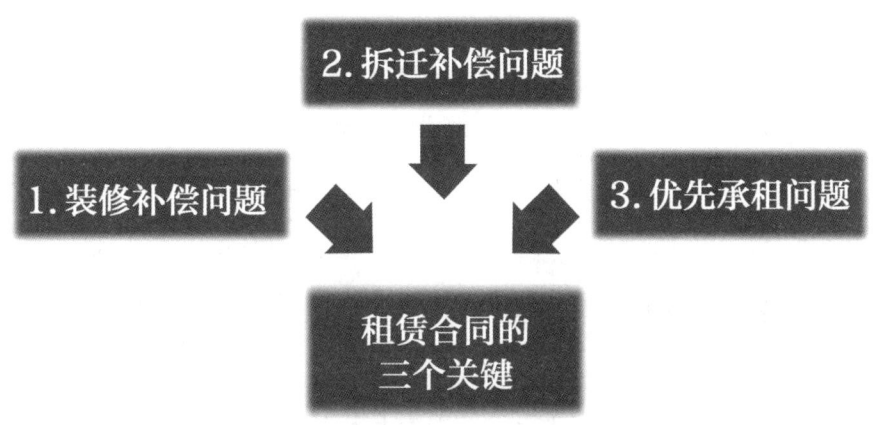

图10-7 店铺租赁合同的三个关键问题

第一,装修补偿问题。

商铺租赁后,承租人通常会根据经营需要对店铺进行装修,租赁协议期满或提前终止时的装修折旧与补偿方式一定要约定清楚。如因承租人违约导致租赁提前终止时,承租人无权要求出租人给予装修补偿。如因出租人的原因而导致租赁提前终止时,则出租人应做出补偿,并约定补偿标准和补偿形式。

第二,拆迁补偿问题。

之所以提及该问题,是因为按照《国有土地上房屋征收与补偿条例》规定,房屋的征收及补偿仅针对房屋的所有权人,也就是说,一旦承租的店面发生征收,则国家是不对承租人进行补偿的。

因此,承租人必须与出租人对发生征收补偿时如何处理双方的关系做出约定，因为一旦发生征收事件，租赁合同将无法继续履行，双方应约定对承租人的损失进行价值补偿，补偿的范围包括预期经营利益的损失、装修折旧损失、搬迁费用等，补偿标准要做到具体化、数值化，以便于后期操作。

第三，优先承租问题。

租赁合同到期，经营良好的店主往往希望继续承租。因此，应在合同条款中约定相应条款，保障自己的优先承租权，这里有两个要点：

◆明确什么是"出租人继续出租"，比如出租人要收回店铺自用，那么自用的期限就可以加以限制，比如至少自用1年，否则视为出租人违约，应承担一定数额的违约赔偿责任。这样可以防止出租人收回房屋自用1天然后出租以阻断"继续出租"的情形。

◆约定什么是"同等条件"，如租金上下不超过10%就算同等条件，比如原租金是10 000元，其他人员出的价格只要不超过11 000元，承租人就有权以10 000元继续承租，这样可以防止侵害优先承租权的情形出现。